José Zorrilla

Cada cual con su razón

Barcelona **2024**
Linkgua-ediciones.com

Créditos

Título original: Cada cual con su razón.

© 2024, Red ediciones S.L.

e-mail: info@linkgua.com

Diseño de cubierta: Linkgua

ISBN tapa dura: 978-84-9897-297-9.
ISBN rústica: 978-84-9816-277-6.
ISBN ebook: 978-84-9897-133-0.

Cualquier forma de reproducción, distribución, comunicación pública o transformación de esta obra solo puede ser realizada con la autorización de sus titulares, salvo excepción prevista por la ley. Diríjase a CEDRO (Centro Español de Derechos Reprográficos, www.cedro.org) si necesita fotocopiar, escanear o hacer copias digitales de algún fragmento de esta obra.

Sumario

Créditos	4
Brevísima presentación	7
La vida	7
Personajes	8
Acto I	**9**
Escena I	9
Escena II	17
Escena III	20
Escena IV	22
Escena V	24
Escena VI	34
Escena VII	36
Escena VIII	38
Escena IX	39
Escena X	41
Acto II	**43**
Escena I	43
Escena II	45
Escena III	55
Escena IV	60
Escena V	67
Escena VI	67
Escena VII	68
Escena VIII	69
Escena IX	70
Escena X	77

Acto III _____ **85**
    Escena I _____85
    Escena II _____93
    Escena III _____99
    Escena IV _____102
    Escena V _____104
    Escena VI _____105
    Escena VII _____109
    Escena VIII _____111
    Escena IX _____116

Libros a la carta _____ **121**

Brevísima presentación

La vida
José Zorrilla (Valladolid, 1817-Madrid, 1893). España. Tras estudiar en el Seminario de Nobles de Madrid, fue a las universidades de Toledo y Valladolid a estudiar leyes. Poco después abandonó los estudios y se fue a Madrid. Las penurias económicas le hicieron a vender a perpetuidad los derechos de Don Juan Tenorio (1844), la más célebre de sus obras. En 1846 viajó a París y conoció a Alejandro Dumas, padre, George Sand y Teophile Gautier que influyeron en su obra. Tras una breve estancia en Madrid, regresó a Francia y de ahí, en 1855, marchó a México donde el emperador Maximiliano lo nombró director del teatro Nacional. Publicó un libro de memorias a su regreso a España.

Personajes

Don Pedro
Doña Elvira
El conde don Guillén
El marqués de Vélez
El rey don Felipe IV
Inés
Un alcalde de corte, ronda y soldados

Acto I

Comedia en tres actos y en verso
Aprobada para su representación por la Junta de Censura de los Teatros del Reino, en 14 de julio de 1849

La Escena en Madrid. El acto primero en el jardín de doña Elvira; el segundo y tercero en la antesala de su habitación. La acción empieza el 21 de septiembre del..., a las once de la noche, y concluye al día siguiente a la misma hora.

(Noche, y jardín de doña Elvira. A un lado un asiento de piedra. En el fondo la casa de doña Elvira con rejas y balcones, y más a la derecha una puertecilla que da del jardín a la calle.)

Escena I

(Doña Elvira y don Pedro.)

Pedro   Decidme al menos su nombre.

Elvira   No le debéis conocer.

Pedro   Y eso, ¿no es darme a entender
                    que amáis, Elvira, a ese hombre?

Elvira   Ya dije que es un secreto.

Pedro   Mas si el secreto no sé,
                    ¿cómo de él me fiaré?

Elvira   Por mi palabra sujeto.
                    Yo os amo, don Pedro, a vos;
                    mas creedme, y no os asombre,
                    os juro a Dios que de ese hombre

	necesitamos los dos.
Pedro	No lo comprendo, señora;
	quién soy yo, dónde he nacido,
	quiénes mis padres han sido,
	estoy ignorando ahora.
	Vivo desde que nací
	acaso a merced ajena,
	sin que pudiera mi pena
	llegar a costumbre en mí.
	Siempre (¡inocente quizás!),
	tan negro destino lloro,
	mas cuando sé que os adoro
	no necesito yo más.
Elvira	Don Pedro, sin freno vais
	buscando mi perdición.
Pedro	Me haréis perder la razón.
Elvira	Nada de ese hombre temáis.
Pedro	¿Que nada tema decís
	de un hombre que os enamora,
	cuando estoy viendo, señora,
	que favores le admitís?
Elvira	¡Hay, don Pedro, tal afán!
	Pues ¿yo misma no os lo digo?
	Puede ese hombre ser mi amigo;
	pero nunca mi galán.
Pedro	Y ¿cómo creeros puedo
	si sé que os habla de amor?

No dudo de vuestro honor,
mas tengo a su audacia miedo.
Cuando os contemplo con él,
Elvira, en conversación,
me rebosa el corazón
en lugar de sangre, hiel.
Vos me lo habéis suplicado
ante mí puesta de hinojos,
y aunque es para darme enojos,
con causa os habréis hallado.
Pues tan liviana no os creo
que para mentir mejor
hicierais mi propio amor
segundo con tal devaneo.
Obedezco, lloro, y callo
sentencias de vuestra boca,
porque al fin solo le toca
obedecer al vasallo.
Mas en causa tan sagrada,
aun siendo mi propio hermano,
echara menos la mano
el gavilán de mi espada.

Elvira

Por medio, don Pedro, estoy
en tan espinoso asunto,
y os ruego que en él, ni un punto
os olvidéis de quién soy.

Pedro

Eso solo me contiene,
y si es fuerza que os lo diga,
eso tan solo me obliga
a respetar al que viene.
Que os juro que de otro modo,
si en mi razón me fiara,

| | en la calle le esperara
atropellando por todo. |
|---|---|
| Elvira | Bien; pues os vuelvo a advertir
que en paz a ese hombre dejéis,
y no más me preguntéis,
que no os puedo más decir. |
| Pedro | No más os preguntaré
pues tal es vuestra sentencia,
mas si podrá mi paciencia
tener a raya, no sé. |
| Elvira | Cómo la tenéis mirad,
que porque me importa mucho,
al preveníroslo lucho
con mi propia voluntad.
Mandároslo no quisiera,
mas a faltarme él o vos,
don Pedro, de entre los dos
yo no sé a cuál eligiera. |
| Pedro | ¡Loco me habéis de volver!
¡No es, decís, vuestro galán,
y evitáis con tanto afán
cuanto le puede ofender!
Que me adoráis me decís,
y a vuestro amor siendo fiel,
comparándome con él,
que dudáis me prevenís.
Decidme si podéis, pues,
¿es vuestro padre, señora? |
| Elvira | No, por cierto. |

Pedro	¿Es en mal hora hermano?
Elvira	No.
Pedro	Pues ¿quién es? ¿Debéisle tantos favores, vida, hacienda, honor quizás?...
Elvira	No le debo a ese hombre más que penas y sinsabores.
Pedro	¿Y le amáis?
Elvira	No, le respeto.
Pedro	¿Y el respeto solamente puede en vos...
Elvira	Andad prudente, que tocáis en mi secreto.
Pedro	¡Oh! Por cuanto sois y amáis, fiad el secreto en mí, que al depositarlo aquí, en un pozo lo enterráis.
Elvira	Díjeos, don Pedro, que no.
Pedro	¡Morir de celos me haréis!
Elvira	De celos no os acordéis mientras os los guarde yo.

Pedro	Mas ved que es duro castigo
para un amante, señora,
ser, por secretos que ignora,
de ajenas dichas testigo.
Pensad lo cruel del tormento
de esperar puesto en un potro,
sabiendo que tiene otro
entrada en vuestro aposento.
Elvira	¿En mi aposento? Eso no;
reparad que jardín es.
Pedro	Para estar a vuestros pies
por igual lo tengo yo.
Y aun es peor, en verdad,
que un techo de roble o piedra,
un banco de verde hiedra
y un techo de oscuridad.
Elvira	Callad ya, que me ofendéis;
pues ¿con sospecha tan ruin
a solas en mi jardín,
que estáis conmigo no veis?
Y si soy quien soy con vos,
con quien a casarme voy,
¿dejaré de ser quien soy
con quien odiamos los dos?
Don Pedro, pensadlo bien,
y no así, de celos loco,
tengáis a una dama en poco
sin razón y sin por quién.
Pedro	¿Sin por quién? Pues ¿y ese hombre

	a quien vais a recibir?
Elvira	Necio andáis en insistir,
	que nunca os dirá su nombre.
	Y escuchadme en conclusión,
	don Pedro, porque a fe mía
	que es ya larga esta porfía
	tenga o no tenga razón.
	Yo os amo. ¿Qué más queréis?
	No hubo jamás hombre alguno
	que no me fuera importuno
	desque vos me conocéis.
	Si cansado de mi amor
	me dejarais inconstante,
	no fuera un claustro bastante
	para enterrar mi dolor.
	Por ello en el alma herida,
	olvidando al mismo cielo,
	osara en mi desconsuelo
	atentar contra mi vida.
	Mas es, don Pedro, preciso
	que a ese hombre reciba aquí,
	y ha de ser, don Pedro, así
	aunque importe el Paraíso.
	Mirad si causa tendré
	cuando así ante vos me humillo.
Pedro	Asombrado estoy de oíllo,
	y aun no lo comprendo, a fe.
	¿Que murierais me decís
	si yo os dejara de amar;
	eso debéis esperar,
	y sin embargo, insistís?

Elvira	Eso esperar no debía;
	mas ya que desde hoy lo espero,
	espero en Dios, caballero,
	que os arrepintáis un día.
Pedro	¡Mas lloráis!... Decidme al fin
	el secreto, y concluyamos.
Elvira	Mirad, don Pedro, que estamos
	a solas en el jardín.
Pedro	¡Oh, tanto dudar me ofende!
	¿No puedo ayudaros yo
	en ese secreto?
Elvira	No,
	que si se aclara se vende.
Pedro	¡Señora!
Elvira	Que desconfío
	de vos nunca imaginéis;
	quien le venda no seréis,
	seré yo, porque no es mío.
Pedro	Una palabra no más,
	y perdonádmela, Elvira:
	¿desconfianza os inspira
	mi nacimiento quizás?
Elvira	Don Pedro, yo en vos no amé
	la cuna en que habéis nacido;
	hidalgo os he conocido,
	siempre hidalgo os amaré.

	Cuando en mi antigua aflicción
	me hallasteis, de amor ajena,
	vos consolabais mi pena
	sin preguntar la razón.
	Nada vos sabéis de mí,
	ni de vos nada sé yo;
	puesto que no nos pesó,
	sigamos, don Pedro, así
	y retiraos.
Pedro	Adiós,
	señora, y ved lo que hacéis.
Elvira	Lo que he resuelto sabéis.
Pedro	Dios os guarde.
Elvira	Va con vos.
	Inés, a don Pedro guía
	y cierra luego el portal.
	(Secreto triste y fatal
	que me pone en la agonía.)

(Siéntase en el banco ocultando el rostro con sus manos con profunda agitación, mientras en el lado opuesto pasa aparte la segunda Escena.)

Escena II

(Doña Elvira. Don Pedro. Después Inés.)

Pedro	¡Tan rara contradicción
	no es posible comprender!
	Razón deberá tener,
	y muy grande, en mi opinión.

                Mas yo sabré la razón
                antes de salir de aquí,
                y ambos cumplimos así,
                pues tengo que en tal aprieto
                no vende Elvira un secreto
                que solo yo sorprendí.

Inés (Con luz.)   Cuando gustéis.

Pedro   Bien está.
                   (El osado siempre acierta.)

(A Inés aparte, tomándola por la mano.)

                Oye, en llegando a la puerta
                con brío un portazo da.
                Despídeme en voz tan alta
                que se oiga aquí.

Inés   ¿Para qué?

Pedro   De esta casa no saldré.

Inés   ¿Eso más?

Pedro   Aun hago falta.

Inés   Es imposible, por Dios.

Pedro   (Mostrando la daga, llevándola aparte.)
                Dos recompensas, Inés,
                de oro y hierro; elige, pues,
                la que quieras de las dos.

Inés   Más...

Pedro   ¡Silencio!

Inés   Luego...

Pedro   Elige.
                           Si salgo, volveré a entrar.

Inés   Pues mirad que, a mi pesar,
                           la necesidad lo exige.

Pedro   No temas: desde esa reja
                           quiero escuchar solamente.

Inés   ¿No más?

Pedro   No.

Inés   ¿Seréis prudente?

Pedro   Mi razón me lo aconseja.

Inés   Pues vamos.

Pedro   Salgamos, pues,
                           que es a mi impaciencia tarde.

(Vanse.)

Inés (Dentro y alto.)   Buenas noches. Dios os guarde.

Pedro (Dentro y alto.)   Buenas las tengas, Inés.

(Óyese un portazo.)

Escena III

(Vuelve Inés al jardín, y al mismo, tiempo asoma don Pedro por la ventana del fondo.)

Inés (Aparte.)   (Grande empeño acometí;
                 con bien me saquen los cielos.)

Pedro (En la reja.)   (De mi honor y de mis celos
                      pongo la atalaya aquí.)

Elvira   ¿Le seguiste?

Inés   Sí, señora.

Elvira   ¿Le conociste?

Inés   No sé.
         Mas lo que he visto diré,
         que más no puedo.

Elvira   En buen hora.

Inés   Ya de Santiago a la puerta
       os aguardaba, a mi ver,
       con el otro.

Elvira   Puede ser.

Inés   Siempre la cara encubierta.
       Pareme como esperando,
       viome, mirele, miró,

	y al punto me conoció, Mas siguió disimulando. Vínose a poco hacia mí, gané la vuelta a una esquina, y él porfiado, y yo ladina, rogó, negué, dio y cedí. Díjele que en vuestra casa yo no estoy, pero que en ella tengo amiga la doncella, quien me cuenta lo que pasa. Que atropellando por todo, si aquí esta noche venía, que os hablara dispondría, tomando a mi cuenta el modo.
Elvira	Y ¿le esperas?
Inés	Sí, en verdad.
Pedro (En la reja.)	(¿A qué ya aguardar el resto? ¡Voto a Dios, que más es esto que inconstancia, liviandad!)
Elvira	Y ¿estás segura que es él?
Inés	Gran respeto le mostraba su compañero, y llevaba lacayo, paje y doncel. ¡Oh! Rico y gallardo mozo es a fe, que se le vía una cruz de pedrería por debajo del embozo.
Elvira (Aparte.)	(¡El paje..., el doncel..., la cruz!...

                    Leales son mis recelos;
                    prestadme esta noche, cielos,
                    tiento al labio, al alma luz.)
                    ¿Dístele la llave, Inés?

Inés   Sí, señora.

Elvira   Y ¿no vendrá
                    solo?

Inés   A fe que tal no hará
                    si es hidalgo.

Elvira   Vete, pues.

Inés   (Aparte y marchándose.)
                    (Al miedo en esta ocasión
                    debe el tener un testigo.)

Pedro (Aparte.)   (Lo que no oí como amigo,
                    oiré como ladrón.)

Escena IV

(Don Pedro, en la reja. Doña Elvira, en el jardín.)

Elvira   Mi don Pedro, perdón si misteriosa
                    dando a un santo deber rostro liviano,
                    amiga infiel y amante mentirosa,
                    tu limpio amor al parecer profano.
                    Si ora verme pudieras y escucharme,
                    ¡oh! con harta razón me detestaras;
                    mas cuanta más hallaras para odiarme,
                    mayor razón para quererme hallaras.

	Tú me creyeras a tu amor perjura, y nunca en tu cariño más constante, en las tinieblas de la noche oscura cuanto muestro liviana, guardo amante. No lo alcanzas, lo sé; mas siempre ignora este secreto que mi honor no infama, siempre mi firme corazón te adora, segura amante o sospechosa dama.
Pedro (En la reja.)	¿A qué para venderme, misteriosa, dar a esotra pasión rostro liviano? ¿Por qué si no me amas, mentirosa, tu amor me velas a mi amor profano? ¡Oh, si pudieras verme y escucharme, cómo mi atrevimiento detestaras! ¡Mas si razón tenías para odiarme, medio mejor de despedirme hallaras! No así liviana y a tu amor perjura, acudiendo a misterios de constante, en el silencio de la noche oscura vendieras al galán con el amante. ¡Ése el secreto fue, que ya no ignora mi alma ofendida y que tu honor infama! Perdiote al fin mi amor pero aun te adora segura amante o sospechosa dama.
Elvira	Siento pasos.
Pedro	Sin duda de esa puerta diole las llaves.
Elvira	¡Ayudadme, cielos, que mi inocencia veis!

Pedro   ¡Celos, alerta,
         que pues sueños no son, ya no sois celos!

Escena V

(Don Pedro, en la reja; doña Elvira, en el jardín; el Rey y el conde don Guillén, por la puertecilla del fondo. El Rey se adelanta, y el Conde queda guardándole la espalda casi en el centro del teatro.)

Rey (A don Guillén.)   ¿Es aquí?

Guillén (Al Rey.)   Sin duda alguna.

Rey (A don Guillén.)   Llamaremos.

Elvira (Aparte.)   Ellos son.

Rey (A don Guillén.)   Tantas venturas adunas,
                         que aun no creo en mi fortuna.

Pedro (Aparte.)   Dios me alumbre la razón.

Elvira (Al Rey.)   ¿Quién va allá?

Rey (A doña Elvira.)   ¿Sois vos, señora?

Elvira   Y el de Santiago, ¿sois vos?

Rey   ¿Llego, tal vez, en mal hora?

Elvira   No, por cierto.; ésta es la hora.

Rey   Oscura noche, ¡por Dios!

Elvira ¿Qué le hace la oscuridad?

(Se sienta en el banco.)

Rey Para sentiros y hablaros,
nada; mas hace, en verdad,
para veros y adoraros.

Elvira Esquiva tengo la faz.

Rey Hermosa como un lucero
os la he visto.

Elvira ¿Dónde?

Rey En misa.
Y con más espacio infiero
que he de verla.

(Acercándose con audacia.)

Elvira ¡Caballero!

Rey ¿Qué?

Elvira Que amáis con mucha prisa.

Rey ¿Cómo?

Elvira Aun no sabéis quién soy,
ni yo vos, y ya queréis
exigir...

Rey (Reportándose.) No; solo voy

	a pediros que os nombréis
por conoceros desde hoy.
Elvira	(Con indiferencia.)
Llámome Rita Aguilera.
Pedro	(Aparte en la reja.)
¿Habrá desvergüenza tal?
Rey	Pues, Rita, ¡sois hechicera!
Elvira	Yo vuestro nombre os pidiera
si no lo hubierais a mal.
Rey	(Con indiferencia.)
Llámanme Juan Benavente,
hijo de opulento hidalgo
de Segovia.
Elvira (Aparte.)	¡Bien lo miente!
Rey	Hay quien me llama el valiente,
mas poco en el mundo valgo.
Elvira	¡Oh! No he pensado yo así
al veros.
Rey	Y ¿dónde?
Elvira	En misa;
noble y valiente os creí,
que por eso os elegí...
Rey	(Interrumpiéndola.)

	También vos amáis deprisa.
Elvira	Hablé con el corazón, algo indiscreta tal vez; perdonad...
Rey	No hallo razón; palabras sencillas son, y es la virtud sencillez. Por una mujer sencilla anduve loco poco ha. Lo sabe toda Castilla...
Elvira	(Interrumpiéndole.) ¿Qué habéis hecho en vuestra villa que tanto os conocen ya?
Rey (Aparte.) (Alto.)	¡Tiene la memoria fiel! ¡Qué queréis! ¡Era mi novia!
Pedro (Aparte.)	¡No estudió mal su papel!
Elvira	Conque ¿fuisteis en Segovia los amantes de Teruel? Y ¿es muy antigua esa historia?
Rey	No tengo exacta memoria.
Elvira	¡Hermosa sería ella!
Rey	No os igualaba en lo bella.
Elvira	Dios os la tenga en la gloria.

Rey
: Mas ¿qué nos importa ya?
Eso, a más, os probará
que sé amar.

Elvira
: Y eso, igualmente,
prenda para mí será,
señor don Juan Benavente.

(Doña Elvira deja caer un guante. El Rey se baja a recogerle y la da un beso en la mano.)

Rey
: ¿Qué fue?

Elvira
: Dejadlo, es el guante.

Rey
: Permitid que le levante,
y en vuestra mano primero
dulce señal...

(La besa.)

Elvira
: ¡Caballero!

Rey (Con autoridad.)
: Tended la mano adelante.

Elvira
: No será.

Rey
: Os le he de poner,
o con él me he de quedar.

Elvira
: Vos veréis lo que ha de ser,
mas mucho os vais a obligar
si eso os atrevéis a hacer.

Rey	No hay obligación penosa
	que yo no emprenda por vos,
Elvira	Vedlo bien.
Rey	Sois muy hermosa,
	y negaros cualquier cosa
	me fuera en mengua, ¡por Dios!
Elvira	¿Lo prometéis?
Rey	Lo prometo.
	Ved que es muy noble el sujeto.
Rey	Pues ¿qué habrá que hacer con él?
Elvira	Nada; firmar un papel
	y guardar ambos secreto.
Rey	Mas ¿a qué mi firma aquí?
	Si es que os estorba un galán,
	¿no basta, Rita, que así
	me lo encomendéis a mí?
Elvira	No me basta.
Rey	¡Hay tal afán!
	Si es que os importa que muera
	nombradle, que morirá.
Elvira	¡Morir! ¡Oh! ¡Dios no lo quiera!
	¡Por la suya el alma diera!
Rey	¿Solo un destierro será?

Elvira Mientras sepa que está aquí,
ni respiro ni sosiego.

Rey ¿Le teméis?

Elvira No.

Rey ¿Le amáis?

Elvira Sí.

Rey Y ¿queréis que a vuestro ruego...

Elvira Su amor no os estorba en mí.

Rey ¿A dos amáis? Es traición.

Elvira No os dé pena esa pasión,
que al nacer ya la tenía.

Pedro (Aparte en la reja.)
¡Que tan negra alevosía
cupiera en su corazón!

Rey Mas mi firma, ¿de qué os vale?

Elvira Si la ponéis toda entera,
sé que a mi deseo iguale;
con ella de Madrid sale,
y ésa nuestra dicha fuera.

Pedro (Aparte.) ¡Oh! Sí, de Madrid saldré,
mas de tu amor satisfecho,

	vengado a la par me iré.
	¡Tanta cólera no sé
	cómo me cabe en el pecho!
Rey	Mas tal porfía en firmar
	es inútil.
Elvira	Pues el guante
	volvedme, o voy a llamar,
	y podéis, don Juan, temblar
	que mi gente se levante.
	Prenda por prenda en buen hora:
	por ese guante, un papel.
Rey (Aparte.)	(Sin duda que la traidora
	me conoce...) Mas, señora,
	¿qué queréis hacer con él?
Elvira	Y ¿qué queréis hacer vos
	del guante?
Rey	Llevar conmigo
	una prenda por testigo
	de nuestro amor.
Elvira	¿De los dos?
	Ved que yo a nada me obligo.
Rey	Mas ¿pagaréis igualmente
	con el vuestro mi favor?
Elvira	Viviréis eternamente
	en mi memoria, señor.

Rey	Sois, como bella, indulgente. Conmigo le llevaré; recuerdo de mi fortuna, estará donde yo esté.
Elvira	Yo el papel reclamaré en hora más oportuna.
Rey	Doquier que le reclaméis, os juro que le obtendréis, mas ved que a cambio de amor.
Elvira	No habéis cumplido, señor, ¿y ya que cumpla queréis? Sois injusto.
Rey	Amante soy, y los favores que os pido, en devolveros estoy; que lo que os exijo mido tan solo por lo que os doy. Noble nací, y os adoro; cuanto soy, Rita, os ofrezco; cuanto tengo, espada y oro, que aunque tanto no merezco, desde mi nada os imploro.
Elvira	¡Galán estáis por demás!
Rey	No es, a fe, galantería, sino amor, Rita.
Elvira	¿Eso más?

Rey	¿Esto os ofende quizás? ¡Por Dios, que lo sentiría! Mas ya que tanto me honráis, un favor, además, Rita, es fuerza me concedáis.
Elvira	Decid lo que deseáis.
Rey	Repetiros la visita.
Elvira	Para firmar el papel, cuando gustareis venid, mas no cual galán infiel que teme que den tras él las hablillas de Madrid. Venid con la luz del Sol, sin reserva, en claro día, y no a la luz de un farol, que eso no arguye hidalguía en un galán español.
Rey	Así lo haré, descuidad.
Guillén (Aparte.)	Tan poca dificultad... Pronto rindió su albedrío.
Pedro	(Aparte en la reja.) Nunca creyera, Dios mío, tan torpe infidelidad.
Rey	Del guante...
Elvira	Dejadlo así, que prenda al cabo será

del papel; mas iay de mí!

(Ruido en la puerta del jardín.)

Rey   ¿Qué tenéis?

Elvira   Si mal no oí...

Rey   Pesárame asaz...

(El Marqués entra embozado por la puerta falsa. El Conde, al sentirle, dice:)

Guillén   ¿Quién va?

Escena VI

(Dichos y el Marqués, que al entrar, da con don Guillén y se detiene a su voz.)

Marqués (Aparte.)   ¡Dios me valga! Traición es.
　　　　　　　　　¿Habránme visto salir?

Pedro (Aparte, quitándose de la ventana.)
　　　　　　　　　(¡Por Cristo, que ya son tres,
　　　　　　　　　y tanto no he de sufrir!)

Guillén (Al Marqués.)   ¿Quién va?

Marqués   (Volviéndose.)
　　　　　　Volvereme, pues.

(Don Pedro, al salir a la Escena, gana la puerta del jardín, interponiéndose al Marqués.)

Elvira (Al Rey.)   Sin duda os han descubierto.

Rey (A doña Elvira.)	Retiraos vos.

(Vase doña Elvira.)

Pedro (Al Marqués.)	¿Quién va?
Marqués (Aparte.)	(¡Por Dios, que el jardín abierto a nuestra deshonra está!)
Pedro (Al Marqués.)	Responda quién va o es muerto.
Marqués	(A don Pedro.) Tened, que solo sois vos quien aquí ha de responder.
Pedro	Os tengo de conocer mas que os pese, ¡voto a Dios!
Rey (Llegando.)	Ved de qué manera, pues, que si no, yo estoy de más.
Pedro	(Poniendo mano a la espada.) Echaos todos atrás, ú os acuchillo a los tres.
Rey (Adelantándose.)	Pues que, estoy de sobra dije a mi vez, ¡atrás, amigo!
Pedro (Con ironía.)	Que sois peor enemigo que galán, bien se colige. No hay otro medio, señores,
(Sacando la espada.)	en las manos los aceros. Reñid como caballeros

o morís como traidores.

(Viénese don Pedro a ellos, y el Rey se pone en guardia.)

Rey   ¡Adelante!

Pedro   Hais de decir
quién sois y a qué habéis entrado,
o ¡por Dios crucificado,
que no volvéis a salir!

Rey   Caballeros como yo
no ceden a ningún hombre.

Pedro   Quien no dio a mi voz su nombre,
el alma a mi estoque dio.

(Riñen.)

Marqués (Aparte.)   Terrible apuro, por cierto:
si les descubro quién soy,
mi vida al verdugo doy;
si callo, acaso soy muerto...
Riñamos, que es lo mejor.

(Se mete a estocadas.)

Escena VII

(El Rey, el Marqués, don Pedro y don Guillén, riñendo. Doña Elvira y criados, con luces. Todos recatan el rostro.)

Pedro (Furioso.)   ¡Aquí luces!

Rey (A don Pedro.)　　　　　¡Mentecato!
　　　　　　　　　　　　¿Vais con tan necio arrebato
　　　　　　　　　　　　a atropellar por su honor?

Elvira (Llegando.)　　　　¿Tanto tumulto en mi casa?

Pedro　　　　　　　　　Aquí...

Rey (A don Pedro.)　　　　¡Callaos ahora!
(A doña Elvira.)　　　　　Vos perdonadnos, señora,
　　　　　　　　　　　　si esto sin disculpa pasa.
　　　　　　　　　　　　Por caso afuera reñimos
　　　　　　　　　　　　mal pensando unos de otros,
　　　　　　　　　　　　la ronda dio con nosotros
　　　　　　　　　　　　y en el jardín nos metimos.
　　　　　　　　　　　　La puerta estaba entornada,
　　　　　　　　　　　　y aquí cada cual resuelto
　　　　　　　　　　　　a recatarse, hemos vuelto
　　　　　　　　　　　　a la pendencia empezada.

Guillén (Aparte.)　　　　¡Bien las urde el Benavente!

Elvira (Aparte.)　　　　　¡Esa mentira me salva!

Pedro (Aparte.)　　　　　Razón tiene; ya es el alba,
　　　　　　　　　　　　y aun en la calle no hay gente.

Rey (A don Pedro.)　　　　Luego podremos reñir.

Elvira　　　　　　　　　Si no era más, id con Dios.

Rey (A doña Elvira.)　　　Perdonad la ofensa vos,
　　　　　　　　　　　　y que la faz descubrir
　　　　　　　　　　　　ninguno hayamos osado,

	puesto que el rostro enseñar, satisfacción era dar a quien lo hemos recatado.
Elvira	Vais con perdón y salid.
Marqués	(Que se ha mantenido siempre tras de todos.) ¡Bien con la sombra libré!
Rey (A doña Elvira.)	Quién la puerta abrió y a qué no sabrá nadie en Madrid.

Escena VIII

(Decoración de calle figurando el exterior de la puerta del jardín de doña Elvira, y amanece. El Rey, el Marqués, don Pedro y don Guillén, saliendo.)

Pedro	En la calle estamos ya, y o quiénes sois me decís, o aquí conmigo reñís.
Rey	Mirad vos cómo será.
Pedro (Desenvaina ambas.)	Espada y daga conmigo, campo con los tres haré.
Marqués	(Poniéndose al lado de don Pedro.) Dos a dos, con vos seré, y después vuestro enemigo.
Rey (Desenvainando.)	Sea, y partida la calle, la espada una vez desnuda, brazo audaz y lengua muda, por sí cada cual batalle.

(Sacan las espadas y riñen, el Rey y don Guillén de un lado, el Marqués y don Pedro de otro.)

Escena IX

(Dichos. Un Alcalde de corte con Ronda y soldados.)

Alcalde   Ténganse al Rey, caballeros.

Pedro   En mal hora habéis llegado.

Alcalde   Dense al Rey.

Rey (A don Pedro.)   Dese el menguado,
que al Rey no llegan aceros.
(Al Alcalde.)   Ésa es mi espada, tomad.

Pedro (Al Rey.)   Entregáisla de cobarde.

Rey (A don Pedro.)   Volveremos, que no es tarde.

Pedro   ¡Sí, por Dios!

Rey   No en la ciudad.

Pedro   Hoy mismo.

Alcalde   (Mirando la espada del Rey.)
                      Mas este sello...
¿Quién sois?

Rey   (Desembozándose.)
                    Un hidalgo aquí.

Alcalde	¡El Rey!
Todos	(De rodillas menos el Marqués y don Pedro.) ¡El Rey!

(El Marqués, que se ha mantenido embozado, al oír nombrar al Rey vuelve la espalda; algunos alguaciles le siguen.)

Marqués	¡Ay de mí!

(Vase.)

Alcalde	¡Perdonad, señor!
Rey	En ello cumplís vuestra obligación.
Pedro	¡Vive Dios!
Rey (A don Pedro.)	¿Qué murmuráis?
Pedro	Me pesa que el Rey seáis, que reñía con razón.
Alguacil	(Trayendo al Marqués, siempre embozado.) Este hombre riñó con vos, al conoceros dio a huir.
Rey (Con nobleza.)	Dejadle, señores, ir, que pues no pudo ¡por Dios! desembozarle mi espada, que muestre la faz no es ley quien riñó contra su rey

	por conservarla tapada.
(Vase el Marqués.)	Decid que acerquen mi coche:
(A unos:)	y yo os aconsejaría
(A todos:)	que no contarais de día
	lo que habéis visto de noche.

(Vase el Rey, y todos le siguen con el sombrero en la mano.)

Escena X

(Don Guillén. Don Pedro.)

(Don Guillén lleva a don Pedro a un lado, y le dice con aire triunfante.)

Guillén	Nadie a su rey puede osar
	a quien su altura no asombre.

(Vase don Guillén, y antes que salga de la Escena le toma del brazo don Pedro, y llevándole aparte le dice con desprecio.)

Pedro	Como él bajara a ser hombre,
	yo le saliera a esperar.

Acto II
(Antesala del cuarto de doña Elvira, que estará a la izquierda. A la derecha una puerta que da al exterior, y otra enfrente que da al interior de la casa. En el fondo un balcón, a cuyo lado derecho se ve otra puerta de celosías que da a un pasadizo cubierto, y al izquierdo una puertecilla secreta por donde está entrando el Marqués en el momento de alzarse el telón.)

Escena I

El Marqués
La puerta vuelvo a cerrar.
Santo Dios, ¡que entre hoy así
como un ladrón, quien aquí
como dueño puede entrar!
En mis seis años de ausencia,
con ella estuve soñando...
Y estoy, ¡vive Dios! temblando
de ponerme en su presencia!
¡Si ciega tras el placer
corriendo, de mí olvidada,
me tuviera avergonzada
que salir a responder!
¡Si a los halagos de ese hombre
al fin su virtud rendida,
la encontrara envilecida
indigna ya de su nombre!...
¡Oh, que vileza tamaña
quepa en un alma Real!
¡Que obre villano tan mal
todo un Monarca de España!
¿No debiera estar contento
¿quien me ha robado mi amor,
que aun llega a mi propio honor
con tan torpe atrevimiento?
Mas es fuerza que me oculte

si al cabo de obrar con tino,
no sea que errando el camino,
más luego le dificulte.

(Párase delante del gabinete de doña Elvira.)

No, que el Rey puede tardar
y acudir antes Elvira.

(Delante de las celosías.)

A salvo de aquí se mira,
pero no sé cómo entrar.
Este pasadizo cierto,
corresponde al corredor...
mas el peligro es mayor
si el corredor no está abierto.

(Delante de la puerta que da al exterior.)

Da esta escalera al jardín...
Mas desde un balcón pudiera
verme en el jardín cualquiera,
y es vano el secreto al fin...
¡Pobre Elvira! ¡Elvira mía!
¡Cómo podrás suponer!
que te venga a sorprender
quien a abrazarte venía!
Pobre niña encantadora,
mitad de mi corazón,
secretos del cielo son
que el hombre imbécil ignora.
¡Oh cuántos años sin verte,
hermosa luz de mis ojos,

	llamé, al son de los cerrojos,
	desesperado, a la muerte!
	Colmó mi temor por ti
	mis penas y mis desvelos,
	pero al fin, ¡viven los cielos,
	que de vuelta estoy aquí!
	Y ¡ay del que pudo a tu honor
	osar, niña abandonada!
	No me tendrá ya la espada
	el respeto ni el temor;
	ni me ha de arredrar la ley,
	que de ira y de celos loco,
	tendré, por mi honor, en poco
	a la justicia y al Rey.
	Mas ¡qué digo! ¡Loco estoy!
	¿Yo a mi rey? Mas, si es preciso...
	No, que injuriarme no quiso,
	pues aun ignora quién soy.
(Mirando.)	Alguno viene...; es Inés.
	¡Dueña constante y leal,
	que tan amiga en el mal
	como en la fortuna es!
	De ella asegurarme quiero,
	que pues fiel aun la hallo aquí,
	que ha de hacer tanto por mí
	como por Elvira, infiero.

(Se retira a un lado.)

Escena II

(El Marqués e Inés.)

Inés   ¡Jesús! ¡Aun no me ha salido

	del cuerpo el susto de ayer!
	Razón tenía en temer
	de don Pedro lo atrevido.
	Necia de mí, a quien el miedo
	la voluntad maniató...
	Pero ¿qué pude hacer yo,
	Virgen Santa, en tal enredo?
	Él solo quería oír:
	¿quién se había de figurar
	que pudiera otro llegar
	con intención de reñir?
(Pausa.)	Yo que a don Pedro encerré,
	motivando la querella,
	¿cómo ahora delante de ella
	sin vergüenza me pondré?...
	«¿Conque así Inés en mi casa
	la lealtad de tantos años,
	hoy con tan torpes amaños
	desacredita y traspasa?»
	Eso dirá, sí por cierto,
	y con razón, doña Elvira...
	Antes de aquella mentira,
	valiera más haber muerto.
Marqués	(Llegando a ella.)
	Quien se arrepiente pecando,
	no está lejos del perdón.
Inés (Dando un grito.)	¡Ay!
Marqués	¡Tente!
Inés	¡Aparta, visión!

Marqués	Inés, ¿estás delirando?
Inés (De rodillas.)	¿Dejaste, sombra fatal, el sepulcro que te encierra, o estás purgando en la tierra tus delitos de mortal?
Marqués	Alza, Inés.
Inés	Perdón os pido, alma de don Juan Cisneros.
Marqués	¡Inés!
Inés	Malos caballeros, ya sé que vos han vendido; que vivisteis encerrado, que os ahorcaron...
Marqués	¡Calla, Inés!
Inés	Y confieso a vuestros pies que contra vos he pecado.
Marqués	Inés, vivo estoy, a fe; alza, que jamás he muerto, que es un cuento.
Inés	¡Será cierto, mas no me levantaré!
Marqués (La coge del brazo.)	Alza, Inés, o ¡vive Dios, que si apuras mi paciencia, te muestre con evidencia

47

	que estoy vivo!
Inés	¡Vivo vos!
Marqués	Vivo, sí; veme, yo soy: ese azoramiento calma; yo soy en cuerpo y en alma Juan Cisneros.
Inés	¡Sin mí estoy! ¡Vos el Marqués y vivís! Por muerto os hemos llorado.
Marqués	En vida estuve enterrado.
Inés (Retrocediendo.)	¿Resucitado venís?
Marqués	No temas. En una torre me encerró mi mala suerte, y por eso de mi muerte falsa la noticia corre. Celos de un hombre que pudo, pusiéronme, Inés, allí; anoche libre me vi, y aunque lo veo, lo dudo.
Inés	¿Conque vivís, mi señor?
Marqués	¿Y tu ama?
Inés	Por vos suspira día y noche... Doña Elvira...

(Llamando.)

Marqués   No la llames, es mejor.

Inés   ¡Cómo, señor! ¿No querríais
ver vuestro amor, vuestra perla,
vuestra vida?

Marqués   Es sorprenderla,
asustarla.

Inés   ¿Dudaríais?
Creyera que vuestro gesto
retrata una desazón
que os destroza el corazón.
¿Podréis no amarla? ¿Qué es esto,
señor?

Marqués   Anoche soñé
celoso con una afrenta...
Ese afán que me atormenta,
¿puedes calmarme?

Inés   No sé.

Marqués   Inés, apenas cayeron
ayer las luces del día
y en la neblina sombría
los objetos se envolvieron,
por la puerta del jardín
ansioso a veros entraba,
cuando un hidalgo que estaba
apostado en un confín,
me recibió con su acero;
quíseme de él recatar,

                y al huirle vine a dar
con el de otro caballero.
Uno por la puerta entró
de la calle; sé quién es;
a los otros dos, Inés,
alguno al jardín llamó.
¿Por ti entraron?

Inés   No, señor.

Marqués   Luego entraron por Elvira.

Inés   Yo..., señor...

Marqués   Una mentira
no ha de salvarte mejor.
Conque, Inés, lo cierto di:
¿Elvira citó a aquel hombre?

Inés   Sí, señor.

Marqués   ¿Sabe su nombre?
¡Responde!

Inés   Pienso que sí.

Marqués   (Con autoridad.)
Pues no hay dentro de esta casa
con Elvira otra mujer,
que sepas es menester,
Inés, cuanto en ella pasa.
Conque lo que sabes di,
y lo que piensas excusa,
porque si luego te acusa

| | una mentira, ¡ay de ti!
| | ¿Sabe quién es?

Inés   Sí lo sabe.

Marqués   ¿Y ella al jardín le citó?

Inés   Sí, señor.

Marqués   ¿Ella le abrió?

Inés   No, que le di yo la llave.

Marqués   ¿Por orden suya?

Inés   Así fue.

Marqués   Claro está, ¡viven los cielos!
            ¡Don Pedro entonces, con celos
            se ocultó!... Todo lo sé.
(Pausa.)   ¿Para esto en una prisión
            lloraba yo tantos años?
            Tan amargos desengaños
            no esperó mi corazón.
            ¡Necio, miserable viejo,
            que allí por su honor callaba
            mientras su honor le infamaba
            una mujer sin consejo!
            Y ahora, ¡Dios mío! ¿qué hacer?
            ¿Cómo vivir sin honor,
            sin...

Inés   ¡Eso decís, señor,
            y de Elvira!

51

Marqués ¿No es mujer?
¿Corazón no tiene, di?
¿No puede a ciegas amar?
Quien duerme junto al hogar,
al cabo se abrasa allí.
¿Tú sabes lo que las quejas
alcanzan de un galanteo
cuando avivan el deseo
imposibles de unas rejas?
¿No sabes tú cómo abrasan
los requiebros de un galán,
que al corazón siempre van
si por los oídos pasan?
¿No sabes a una mujer
cuánto tientan, en verdad,
la noche, la soledad,
las palabras de placer
que un labio audaz la prodiga,
cuando al jurar que la adora
la está llamando señora
y a ser su dama la obliga?
¿No sabes, Inés, por fin,
en quien con amor delira
el fuego infernal que inspira
la frescura de un jardín?
Tú lo ignoras, mas yo no;
que mi juventud recuerdo,
porque el tiempo me hizo cuerdo
por loco que anduve yo.

Inés   Si no lo hubierais a mal,
a acordaros me atreviera
que nunca Elvira quisiera

	sino a un hombre principal.
Marqués (Con ira.)	¿Principal? ¡Por vida mía, demasiado principal! Un galán de sangre Real: ¿más principal le quería?
Inés	¡Cómo! ¡El Rey!
Marqués	Eso le apona.
Inés	¡Perdón! No supe...
Marqués	¿Ignorabas que era a quien la llave dabas el mismo Rey en persona?
Inés	Sí; lo juro...
Marqués	Bien está. Yo sé, Inés, que esta mañana por esa mujer liviana segunda vez volverá. Quiero saber lo que a Elvira dice... ¿Me entiendes, Inés?
Inés	¡Oh!
Marqués	Lo mando.
Inés	Y ¿cómo, pues, ha de ser?
Marqués	El modo mira.

| | La visita será aquí;
| | todo lo quiero escuchar,
| | sin que puedan sospechar
| | que están delante de mí.

Inés   Pero si no os ha de ver
              no podéis aquí quedaros,
              pues por fuerza ha de encontraros
              Elvira, que ha de volver.

Marqués   Yo entré por aquella puerta;
              mas si la tengo cerrada,
              no alcanzo, Inés, a oír nada,
              y quedar no puede abierta.

Inés   Ocultaros no sé cómo.

Marqués   De dos elige un castigo,
(Mete mano   o guardas mi honor conmigo,
a la daga.)   o...

Inés (Aterrada.)   ¡Cielo santo!

Marqués   Hasta el pomo.

Inés (De rodillas.)   ¡Perdón, señor!

Marqués   Obedece.

Inés   No supe, ese hombre al llamar,
              cuánto os podía injuriar.

Marqués   Tanta indulgencia agradece,
              Inés, que a quien torpe abrió

	a la deshonra mi puerta,
	no advertida, sino muerta
	debiera dejarla yo.
Inés	Mas...
Marqués	¡Despacha!
Inés	Perdonad.
	Solo tengo un aposento
	en que ocultaros, y siento...
Marqués	¿Cuál es?
Inés	El mío.
Marqués	Guiad.
Inés	Hasta que al salón volver
	podáis, estaréis allí,
	y...
Marqués	Adelante, Inés, que aquí
	consejos no he menester.

Escena III

(Doña Elvira. Después Inés.)

Elvira	¡Qué noche tan triste! Cual lúgubre sueño
	que rueda en tinieblas, medrosa pasó.
	En vano a la reja por verles me empeño,
	la sombra callada mis ojos cegó.
	Ni un paso, ni un bulto, ni iay! ni un gemido

llegué en las tinieblas a ver ni escuchar.
Si al duelo volvieron, alguno ha caído...;
cualquiera que caiga tendré que llorar.
¿Por qué ese don Pedro se afana imprudente
mi triste secreto tenaz en saber?
Sin duda hará un crimen de un hecho inocente,
que herir en la honra podrá a una mujer
Mas ¡ay! Se lo dije, tal es mi secreto.
¿Por qué si es que me ama de mí no fiar?
¿No puede haber nunca sagrado un objeto
que obligue a una dama a mentir o a callar?
¿No ve cuánto sufro? ¿No ve cuánto duelo
me cuestan de ese hombre las citas de amor?
¿No ve que si a medios indignos apelo,
serán mis razones de mucho valor?
Mas ¡ah! que si al cabo descubre su nombre,
¡por más que inconstante tal vez me tendrá!
¡Conséjele el cielo, que a mí solo ese hombre
la paz y la vida volverme podrá!
Mas ¿cómo tan tarde ninguno parece?

(Llamando.)   Inés tal vez teme mi enojo excitar;
mas yo la perdono, que no lo merece;
mandando don Pedro, no hay más que callar.

(Llamando.)   ¡Inés..., dueña!

Inés   ¿Qué mandáis?

Elvira   ¿Cómo despiertas tan tarde?
¿No ves que es ya día claro?

Inés   Dispensad...

Elvira   Las rejas abre,
que entre el aire.

(Inés abre el balcón, y va hacia la puerta con intento de volver a salir.)

¿Dónde vas?
¿Tan presto quieres marcharte?
Acábame de vestir,
aquestos corchetes dame,
prende bien estos cabellos...
torpe estás; no sé qué canse
tanto desamaño en ti;
cerca de dos horas hace
que andando estoy por la casa:
¿no me sentiste enantes?

Inés   Señora...

Elvira   El jardín anduve
registrando.

Inés (Aparte.)   ¡Cristo, valme!

Elvira   ¿Qué hablas?

Inés   Nada.

Elvira   Me parece
que una exclamación soltaste.

Inés   Yo, señora...

Elvira   Inés, despacha,
y tanto afán no te pases.
por culpa que en ti no estuvo.

Inés   ¡Cómo, señora! Del lance
                        de ayer noche...

Elvira   No hay que hablar.
                        Supongo, Inés, a qué artes
                        acudiría don Pedro.

Inés   ¡Es tan violento!

Elvira   Adelante.
                        Ya sé bien que cuando manda
                        no es el resistirle fácil.

Inés   Conque al fin perdonaréis...

Elvira   Ya dije que más no se hable
                        de ello; aunque tu indiscreción
                        me puso en extremo trance,
                        sé que eres fiel servidora
                        y que de necia pecaste.
                        A otra cosa. Esta mañana
                        vendrá...

Inés   ¿Quién?

Elvira   Pues ¿no lo sabes?
                        El Rey.

Inés   ¿Conque vos sabíais
                        quién era?

Elvira   Sí.

Inés   ¿Y liviandades

	de tal peso no os espantan?

                de tal peso no os espantan?
Quien al Rey sus puertas abre
cuando se muestra embozado
por una calle adelante,
no por el Rey, por el hombre...

Elvira   (Interrumpiéndola.)
Esa torpe lengua calle,
y acuérdese que a mi casa
para obedecer la traje.

Inés   Señora...

Elvira   ¿Con él de amores
piensa la necia que trate?

Inés   Pues ¿de qué sino de amor
pueden tratar los galanes?
¿No le llamáis al jardín?
¿Requiebros no le escuchasteis?
¿No os dijo que erais hermosa?
¿No se llevó vuestro guante?

Elvira   ¡Cómo!

Inés   Perdonad, mas ya
no pretendo disculparme;
desde ese balcón velaba
vuestra honra.

Elvira   (Con indiferencia.)
Muy bien hace
servidor que tanto cura
de sus amos... A esta parte

	siento ruido, ve quién entra.
Inés	Es don Pedro.
Elvira	Bien; que pase.
Inés	Pues ¿y el Rey?
Elvira	¿Qué se la importa? Obedezca a quien la mande.
Inés (Aparte.)	¡De tanta cita y visita con bien el Señor nos saque! ¡Buena se arma si otra vez vuelven todos a encontrarse!

Escena IV

(Doña Elvira. Don Pedro.)

Pedro	Perdonad si aun una vez os soy molesto, señora; con mi amor no vengo ahora, que vengo con mi altivez. No hay ya medio entre los dos; con las razones que tengo, no me toca ni a más vengo que a despedirme de vos. Permitidme concluir, que no he de ser muy prolijo; me dais a elegir, y elijo entre huiros y sufrir. Fuera inconstancia, en verdad, posponerme a cualquier hombre;

| | pero al Rey..., dadla otro nombre
que no sea liviandad.
Vos me habéis puesto esa ley;
yo, consultando a mi honor,
no quiero partir mi amor
ni con hombre, ni con rey. |
|---|---|
| Elvira (Con dignidad.) | ¡Con vuestro amor no venís
y sí con vuestra altivez!
Bien: os recibo a mi vez
con la altivez que exigís.
Yo no sé si contestar
a vuestro amor; bien pudiera,
mas mengua, don Pedro, fuera
cuenta a vuestro orgullo dar.
Inconstante me llamáis
si amara tan solo a otro hombre;
es el Rey, y con el nombre
de liviana me injuriáis.
Que le amo osado decís,
que no hay medio entre los dos;
que os engaño decís vos,
y yo os digo que mentís.
Vos resistís a mi ley,
y yo no parto mi amor
con quien duda de mi honor,
ni por hombre, ni por Rey. |
| Pedro | Efugios son de mujer,
pues razón tiene en dudar
quien pudo ver y escuchar
en vuestro jardín ayer. |
| Elvira | Don Pedro, es empeño vano |

| | que disculpas demandéis;
| | si obré liviana creéis,
| | creo que obrasteis villano.
| | Tiempo bastante os pedí
| | a poder satisfaceros,
| | no debisteis esconderos
| | para indagar más de mí.
| | Y en fin, si culpada estoy,
| | disculpas diera tal vez
| | al amor, no a la altivez,
| | que altiva por demás soy.

Pedro   Pues dadme, señora, alguna,
        cualesquiera que tengáis;
        que si al fin os disculpáis,
        será disculpa oportuna.

Elvira Y ¿quién me la pide ahora,
        el orgullo o el amor?

Pedro   El despecho y el dolor
        si habéis disculpa, señora.

Elvira Pues bien, don Pedro, os adoro,
        todo fue farsa, mentira.

Pedro   ¿Ésa es la disculpa, Elvira?

Elvira ¿No veis, don Pedro, que lloro?
        Y ¿por quién sino por vos?

Pedro   (Con indiferencia.)
        Toda mi existencia diera
        por una gota siquiera

	de ese llanto, ¡vive Dios!
	Mas si no me acuerdo mal,
	también anoche llorabais,
	y en falso, Elvira, jurabais
	por una disculpa igual.

Elvira   ¡Y os juro que no mentí!

Pedro   ¿Eso más?

Elvira   Es mi secreto.

Pedro   ¿De burla me hacéis objeto?

Elvira   ¡Don Pedro, os mofáis de mí!

Pedro   ¡Yo mofaros!

Elvira   ¿No me amáis?

Pedro   Hoy no sé qué responder.

Elvira   Pero ¿me amabais ayer?

Pedro   ¡Oh! Sí.

Elvira   ¿Y de mí no os fiáis?
         ¿Un secreto haber no puede
         que siendo, don Pedro, ajeno
         baste a hacer que un hombre bueno
         como sospechoso quede?
         Enojaros fuera ley
         si amara a un hombre cualquiera;
         mas ¿tan tenaz con vos fuera

	por ser querida del Rey?
Pedro	Mas no fingisteis el nombre hablando anoche con él? ¿No pedisteis un papel con el destierro de un hombre?
Elvira	Y eso, ¿no es prueba evidente de que a vergüenza tenía tal galán?
Pedro	Es que él fingía que era don Juan Benavente.
Elvira	Y es que no ignoraba yo que era el Rey, antes de entrar.
Pedro	¿Y él no se pudo informar de vuestra persona?
Elvira	No. Darle noticias no pudo ni pariente ni vecino, que es, don Pedro, mi destino un misterio ciego y mudo. En esta casa escondida ha seis años me veis vos, y un solo hombre, Inés y Dios saben a medias mi vida.
Pedro	No lo alcanzo a comprender.
Elvira	Esperad un día más, y no os pesará quizás

	lo que os dice una mujer.
Pedro	Mas el rey...
Elvira	Nada temáis; hoy tan solo ha de venir.
Pedro	¿Y le pensáis recibir?
Elvira	¿Eso, don Pedro, dudáis?
Pedro	¡Esto es por demás, señora!
Elvira	En que otra vez le reciba, todo nuestro amor estriba; creed a quien os adora.
Pedro (Aparte.)	O estoy loco, ¡vive Dios! o loca se ha vuelto ella... A no ser que esta querella locos nos vuelva a los dos.
Elvira	Don Pedro, en ello me va más que existencia y honor, y os juro que no es amor, que aquí mi secreto está.
Pedro	A lo mismo hemos tornado que ayer decíais, señora, y, sin embargo, hasta ahora aun no os habéis disculpado.
Elvira	¿Más satisfacción queréis? Pues bien; al Rey esperad,

| | y que os ponga tolerad
donde veáis y escuchéis. |
|---|---|
| Pedro | Anoche le escuché y vi;
y eso, ¿qué hace a nuestro amor? |
| Elvira | Hace, don Pedro, a mi honor,
y mi honor me importa a mí.
Anoche, por vez primera,
al Rey osé recibir;
hoy que le vuelvo a admitir,
será por la vez postrera.
Testigo fuisteis en una,
sedlo, don Pedro, en las dos,
y haced paciencia, ¡por Dios!
que es un golpe de fortuna.
Dejad que firme el papel,
que después que le obtengamos,
todos sin trabas quedamos,
vos conmigo y yo con él. |
| Pedro (Con enfado.) | Y el papel, ¿qué importa aquí? |
| Elvira | Más que a mí os importa a vos,
a otro hombre más que a los dos,
y más que la vida a mí.
Conque si habéis de esconderos,
seguidme, y sí no ha de ser,
no puedo, don Pedro, hacer
ya más por satisfaceros. |
| Pedro | No os entiendo, ¡por vida mía!
Mas ya que así os empeñáis...
fuerza es que darme podáis, |

	satisfacción bien cumplida.
	Vamos.
Elvira	Tened un momento,
	y ved que os vuelvo a advertir
	que cuanto aquí vais a oír
	es mentira y fingimiento.
	Palabras serán de amor,
	excesivas si queréis,
	pero nunca os olvidéis
	que os amo y que tengo honor.

Escena V

Inés	¡Válgame el Cristo de Burgos!
	¡Yo puesta en tan duro trance!
	Escondido mi señor
	en mi propio cuarto, pase;
	pero escondido don Pedro
	por mi señora... Dios hace
	milagros, y tal vez uno
	de este peligro nos salva.
	Voy por don Juan, y Dios quiera
	ayudarnos y ayudarle.

Escena VI

(Don Pedro y doña Elvira, abriendo por dentro las celosías, asoman a la Escena.)

Elvira	Este escondite, don Pedro,
	solo por dentro se abre.
	Desde aquí ved y escuchad,
	y mirad si os satisface
	quien os llama por testigo

	en la causa que acusasteis.
Pedro	Basta que vos lo digáis, que puesto que yo no baste tal misterio a comprender, vuestra palabra es bastante.
Elvira	Con Dios quedad, que el Rey viene.
Pedro	Permitid que os acompañe por la escalera.
Elvira	Bajad hasta el corredor, si os place.
Pedro	Cierro aquí, y dadme la mano.
Elvira	Tomadla, y bajad delante.

(Cierran las celosías.)

Escena VII

(Al momento que don Pedro cierra las celosías, salen el Marqués e Inés por el mismo lado por donde entraron al retirarse en la Escena II, y que se supone dar al interior de la casa.)

Inés	Pronto, entrad, que doña Elvira puede volver al instante, y desde un balcón he visto cruzar al Rey por la calle.
Marqués	Bien está, Inés; tú, silencio. ¡Por Dios, señor!

Marqués   Calla y salte;
                           y como adviertas a Elvira
                           que estoy aquí, encomendarte
                           puedes al cielo.

Inés   ¡Qué vuelve!

(El Marqués entra en el gabinete de doña Elvira. Inés se queda de espaldas a la puerta en el momento en que vuelve doña Elvira.)

                           Cerrad bien. (¡San Pedro, valme!)

Escena VIII

(Doña Elvira e Inés en la Escena, don Pedro en las celosías, el Marqués en el gabinete.)

Elvira   Inés...

Inés   Señora...

Elvira   Que llaman.

Inés   (Mirando por el balcón.)
                           El mismo.

Elvira   ¿El Rey?

Inés   Sí.

Elvira   Pues abre.

Inés   Señora, ved lo que hacéis.

Elvira	Obedezca, dueña, y calle.
(Vase Inés.)	¡Dios mío, veis mi inocencia; santa es mi causa, ayudadme!

(Ruido en las celosías; doña Elvira se acerca.)

¿Don Pedro?

Pedro	(Dentro de las celosías.) Aquí estoy, señora.
Inés (Anunciando.)	Don Juan Benavente.
Elvira	Pase.

Escena IX

(El Marqués y don Pedro, ocultos; el Rey y doña Elvira en la Escena.)

Rey	Guárdeos Dios, la de Aguilera.
Elvira	Señor don Juan, bien venido.
Rey	¿Me esperabais?
Elvira	Siempre espera quien bien quiere.
Rey	Antes viniera, mas...
Elvira	Tarde, don Juan, no ha sido. Sentaos.

Rey	Cansado estoy.
Elvira	Reposad.
Rey (Sentándose.)	¡Oh, nunca así tan bien hallado me vi!
Elvira	¿Cuántas damas habéis hoy visitado antes que a mí?
Rey	¿No tenéis espejo, Rita?
Elvira	¿Por qué me lo preguntáis?
Rey	Porque así me lo acredita el que con otra creáis que parto vuestra visita. Dentro del pecho, al amaros, mueren afectos añejos, y daisme indicios bien claros de que o no sabéis miraros, o no usáis vuestros espejos.
Elvira	¡Galantería extremada, don Juan!
Rey	No, ¡por Dios, que no!
Elvira	¿Qué sois en la corte?
Rey	Nada.
Elvira	Por lisonja tan sobrada,

       cortesano os juzgué yo.

Rey   Y al ver tanta indiscreción,
       yo os juzgara una condesa.
       ¿Os reís?

Elvira (Riendo.)   ¡Linda invención!
       ¿Una humilde montañesa
       de los montes de León?
       Mucho, don Juan, me queréis,
       o ignoráis mucho de España,
       pues tan discreta me hacéis
       cuando Aguileras sabéis
       que es familia de montaña.

Rey   No os extrañe eso, señora,
       pues que ignore extraño no es
       vuestro ser y estado agora,
       quien ve en vos, y en vos adora,
       un prodigio montañés.

Elvira   ¿Por tan bella me juzgáis?

Rey   Más no alcanzara el pincel
       de Murillo.

Elvira   ¡Ponderáis!
       Mas si amáisme...

Rey   ¿Eso dudáis?

Elvira   Pues firmadme este papel.

Rey (Aparte.)   (¡Linda flema, por mi vida,

	tras de tanto desbarrar!) Pronto queréis ser servida.
Elvira	fue condición prometida: no volver sino a firmar.
Rey (Aparte.)	(¡Oh, pues me apura, por Dios, qué responderla no sé!) Mas sin ver qué queréis vos que firme, no firmaré.
Elvira	Es un pacto entre los dos.
Rey	Mas ¿qué nos obliga en él?
Elvira	A vos, perdonar a un hombre, y a mí, seros siempre fiel por respeto a vuestro nombre, escrito en este papel.
Rey (Aparte.)	¡Situación más apurada... Mas... ¡ocurrencia excelente!
Elvira	¿Firmáis?
Rey	Estáis empeñada... (Firmaré Juan Benavente, con lo cual no firmo nada.) Dadme una pluma.
Elvira	(Con coquetería.) ¡Ay de mí!
Rey	¿Qué?

Elvira   Que no hay plumas aquí.

Rey   Que las busquen.

Elvira   Es el caso...
Mas ya está.

Rey   ¿Disteis acaso
con ellas?

Elvira   Mucho que sí.
Con ese anillo es igual.

(El que el Rey lleva en el dedo.)

Rey (Aparte.)   (¡Qué diabólica invención!)
Reparad...

Elvira   Vuestro blasón,
¿no es ése?

Rey (Aparte.)   ¡Lance fatal!

Elvira   Tanto vale, en conclusión.
Tomad, no le negaréis;
sobre esta oblea...

(Toma el papel, le pone una oblea y se le da al Rey, de manera que no le quede otro remedio.)

Rey   Advertid...

Elvira   Vamos, ¿en qué os detenéis?

Rey   Mas...

Elvira   Fuerza es que eso selléis,
                       o de mi casa salid.
                       Pues habéis, don Juan, venido
                       con condición de firmar,
                       cumplidme lo prometido,
                       que el precio habéis admitido
                       de amor por papel trocar.

Rey   Pues prometí, cumpliré,
                       que al fin caballero soy.
                       Mas ¿me juráis...

Elvira   ¡Sí, a mi fe!
                       Nada innoble os propondré,

Rey   Pues tomad.

(Sella y dale el papel.)

Elvira   Gracias os doy.

Rey   (Con satisfacción.)
                       Y ahora, pues que yo cumplí,
                       Rita, que cumplas es ley.
                       ¿Me amas?

Elvira   Sin duda que sí.

Rey   ¿Mucho?

Elvira   Mucho.

Rey   ¿Cuánto? di.

Elvira   Cuanto amar pudiera al Rey.

Rey   ¿Os burláis?

Elvira   Por qué, no acierto.

Rey   Más esperaba de vos.

Elvira   ¿Díjeos algún desacierto?
                       El Rey, don Juan, es, de cierto,
                       primero después de Dios.
                       Y si os amo como al Rey,
                       no alcanzo de qué os quejáis.

Rey (Aparte.)   (¡Ya respiro!) ¿Eso extrañáis?
                       No admite igualdad en ley
                       con nadie el que vos amáis.

Elvira   ¡Venís, don Juan, lisonjero!

Rey (Con osadía.)   Eres bella como el Sol,
                       tu mirar es hechicero;
                       te amo, Rita.

Elvira   Caballero,
                       sois audaz.

Rey   Soy español.
                       Dadme que esa linda mano
                       acaricie, hermosa Rita.

Elvira	No será. (¡Dios soberano!)
Pedro	(Aparte, entreabriendo las celosías.) ¡Que sea un Rey tan villano! ¡Por los cielos, que me irrita!
Rey (A doña Elvira.)	Qué, ¿tu palabra me niegas? ¿Ser mía no prometiste?
Elvira (Con orgullo.)	Noble soy.
Rey (Con audacia.)	Mal voto alegas.
Pedro	(Sacando el melio cuerpo por las celosías.) ¡Oh, león regio, te perdiste si así con el tigre juegas!
Marqués	(Asomando por el gabinete de doña Elvira.) ¡Oh! ¡Por Cristo, que me infama!
Pedro	(Viendo al Marqués.) Mas ¿qué veo?
Marqués	(Viendo a don Pedro.) ¡Voto a Dios! ¡Tantos hoy contra mi fama!
Pedro (Saliendo.) (Al Marqués.)	¿Conque tres para una dama? Salid, viejo.
Marqués (Con ira.)	Soy con vos.

Escena X

(El Rey, doña Elvira, don Pedro y el Marqués.)

(El Rey recobra la majestad de su persona, aparentando su afectada galantería. Doña Elvira muestra temor; don Pedro, celos; y el Marqués sigue recatando el rostro como en el acto primero.)

Rey (Con arrogancia.) ¿Quién sois vosotros, que doquier tenaces
seguís a vuestro Rey? ¿Dais al olvido
que ahuyenta las salvajes alimañas
del soberbio león ronco el rugido?
¿Me entendéis? Despejad.

Pedro   (Adelantándose con orgullo.)
                    Mucho te engañas
si piensas aterrarme con tus voces.
Si imbéciles reptiles de repente
a la voz del león huyen veloces,
atrevida le aguarda la serpiente.
Bajo tu ley nací, nací vasallo,
mas también a su dueño se somete
el orgulloso y lidiador caballo,
y tira, sin embargo, a su jinete.
Óyeme ¡oh Rey! y mi cuestión decide.

(El Rey se cala su sombrero, que habrá dejado sobre el velador en la anterior Escena, y sentándose en el sillón dice con la altivez y majestad que requiere la situación:)

Rey   Valiente me pareces; ya te escucho;
habla, y con tiento tus palabras mide,
que hablando con tu Rey te importa mucho.

Pedro   No sé quién soy; el nombre con que firmo,
no sé, Felipe cuarto, a quién le debo;

　　　　　　　　　　　mas o villano o real, me lo confirmo,
　　　　　　　　　　　y con audacia y altivez le llevo.
　　　　　　　　　　　Ignoro todavía por qué mano,
　　　　　　　　　　　de oro y consejos mi porción recibo;
　　　　　　　　　　　mas buenos son, de noble y castellano,
　　　　　　　　　　　y humilde yo los obedezco y vivo.
　　　　　　　　　　　No conocí ni padres ni parientes,
　　　　　　　　　　　que me esquivó el placer desde la cuna;
　　　　　　　　　　　solo he vagado entre diversas gentes
　　　　　　　　　　　esto es mi porvenir y mi fortuna.
(Mostrando la espada.)　Llegué un día de Flandes a esta casa,
　　　　　　　　　　　que en anónima carta me mostraron
　　　　　　　　　　　como un asilo en mi orfandad, y pasa
　　　　　　　　　　　de años seis que sus puertas me franquearon.
　　　　　　　　　　　Aquí a Elvira encontré, y aquí amé a Elvira.
　　　　　　　　　　　La adoro ioh Rey! y voto al firmamento
　　　　　　　　　　　que si no ha sido su pasión mentira,
　　　　　　　　　　　su amor con nadie en dividir consiento.
　　　　　　　　　　　Yo no tengo más padres, más hermanos,
　　　　　　　　　　　más ilusión que Elvira, y más fortuna:
　　　　　　　　　　　robármela es ahogar con necias manos
　　　　　　　　　　　al tigre sus cachorros en la cuna.
　　　　　　　　　　　Ahora bien, pues no tengo otra esperanza,
　　　　　　　　　　　ni otra ventura en mi existencia quiero,
　　　　　　　　　　　tigre seré que por la selva avanza,
　　　　　　　　　　　vengador de sus hijos, carnicero.
　　　　　　　　　　　No transijo con rey ni con villano,
　　　　　　　　　　　y meditadlo bien, que yo, altanero,
　　　　　　　　　　　si noble no nací ni caballero,
　　　　　　　　　　　me siento con aliento soberano.

Marqués　　　　　　　Basta, mancebo, basta; tu nobleza
　　　　　　　　　　　bien la audacia atestigua de tu boca;
　　　　　　　　　　　tu causa acaba do la mía empieza;

        cédeme tu lugar, que a mí me toca.

(Pónese delante del Rey, recatando el rostro como hasta aquí.)

(Al Rey.)	Yo amaba a una mujer más que a mi vida, era el único bien que me quedaba; luz de mis ojos, para mí perdida, presa de la vejez, ¿qué me restaba? Un mancebo, señor, fue sin consejo el bien a hurtarme que perdido lloro; la sedujo, le amó, y el pobre viejo quedó en su soledad sin su tesoro.
Rey	¿Sin espada os dejó? ¿Qué hicisteis de ella?
Marqués	No me atreví con él.
Rey	Cobarde fuisteis.
Marqués	No era esquivar por eso la querella.
Rey	Entonces, ¿por qué, pues, lo consentisteis?
Marqués	Porque noble nací.
Rey	Y ¿eso es nobleza?
Marqués	Yo ni ultrajado con mi rey me atrevo.
Rey	¡Mentís, anciano!
Marqués	(Desembozándose.) Por mejor certeza, doña Ana era mi amor, vos el mancebo.

(El Rey se levanta y le mira. Don Pedro pone mano a la daga, y doña Elvira exclama:)

Elvira	¡Padre mío!
Pedro	¡Su padre!
Marqués	(A doña Elvira.)
	(Aparta.)
(A don Pedro.)	(Tente.)
(Al Rey.)	Perdonar pude al Príncipe, debía;
	mas al futuro Rey mengua sería
	igualar con don Juan de Benavente.
Rey	¿Me amenazáis?
Marqués	No sé, mas escuchadme.
	El Rey gozó mi amor, y por cubrillo...
	(¿que lo diga teméis? mas perdonadme),
	me encerrasteis, señor, en un castillo.
Rey	Basta, Marqués; si en el castillo os tuve,
	fue por traidor no más, que vuestra gente
	alzasteis contra mí; mas presto anduve
	y sofoqué la hoguera de repente.
	¿Calláis? Vos el rebelde fuisteis, solo
	lo sabemos los dos bien a conciencia;
	pagarnos fue no más dolo por dolo,
	por eso fue prisión vuestra sentencia.
Marqués	Mal lo entendéis; no os pido de doña Ana
	cuentas aquí, que de mi honor las pido.

Rey (Con desprecio.) Si hija hubierais a fe menos liviana,
jamás hubiera por su amor venido.

Marqués (Avergonzado.)
¡Oh, que tenéis razón!

Pedro Yo no soy padre.
Yo también de su amor os pido cuenta;
mirad si me la dais.

Rey ¡Tal vez te cuadre
que olvide que soy rey! ¿No te contenta?

Pedro Pláceme, ¡vive Dios! y defendeos.

Rey (Sin hacer caso de don Pedro.)
Marqués, por el balcón llamad mi gente
y que os prenda otra vez.

Elvira (Dando el papel a su padre.)
Señor, teneos,
que perdonado estáis, si no inocente.

Rey ¿Qué es eso?

Elvira Su perdón; lo habéis sellado.

Marqués ¡Hija mía!

Elvira Mirad si obré liviana;
tanto a vos por mi padre me he humillado.

Rey (Después de un momento de silencio.)
Dos partes tiene esa promesa insana;

os perdono, Marqués, cumplo la mía.

(Don Pedro se adelanta hacia el Rey. El Rey sin hacerle caso se dirige primero a doña Elvira.)

Pedro   Que falta ved la de quien no perdona.

Rey (A doña Elvira.)   Para cumplir la vuestra os doy un día;

(A don Pedro, con desprecio.)

y a vos..., ved quién os presta una corona.

(El Rey sale apartando a don Pedro y cae el telón.)

Acto III

(La misma decoración del acto segundo.)

Escena I

(Doña Elvira y don Pedro.)

Pedro	¿Yo, Elvira, quedarme aquí? No, imposible; iré con vos.
Elvira	¿Y eso podemos los dos?
Pedro	¿Conque al cabo huís de mí? Nada os importa mi amor, o al Rey teméis, según veo.
Elvira	Y ¿qué hacer cuando el deseo es contrario del honor? De ese amor no hago querella, que sin vos no sé vivir; mas ¿cómo podéis seguir sin disfama a tina doncella? No soy vuestra esposa yo, y va mi padre conmigo... por galán o por amigo, ¿creéis que os consienta? No. Igual ha de ser la ley de mi honor para los dos, y nunca ha de huir con vos quien huyendo va del Rey.
Pedro	Bien, Elvira; ya os comprendo, que con el Rey compararme

          es con decoro anunciarme
          que vais de don Pedro huyendo.
          Y si es así, hablad, Elvira,
          decídmelo de una vez,
          que hiere más mi altivez
          que un desaire, una mentira.

Elvira   Demente estáis, y os perdono
          vuestro insulto.

Pedro   ¿Lo es quizás?

Elvira   ¿No os dijo que tengo en más
          vuestro cariño que un trono?
          Mas ya oísteis que tachó
          mi conducta de liviana,
          y fuera mengua mañana
          que lo acreditara yo.

Pedro   ¿Y porque él no crea tal,
          yo sin vos me quedaré?
          Nunca, Elvira; os seguiré,
          que la ley es desigual.
          Él dudó de vuestra fama,
          robaros quiso el honor,
          y tratáis con más rigor
          que al que os ofende, al que os ama.
          Si no me quiere admitir
          vuestro padre como amigo,
          como importuno testigo
          doquiera os he de seguir.
          Y nada por vos me abate;
          iré como vuestro esclavo,
          y si a vuestro padre al cabo

	lo ofendo así, que me mate.
Elvira	Don Pedro, ¿estáis delirando? ¿Qué desafueros son éstos? Para tan torpes denuestos ¿os he dado causa? ¿Cuándo? ¿No os amé como a mi vida? ¿No os dije que al exponerla, de perderos o perderla la daba por bien perdida? Mi padre, ¿en qué os injurió? Del Rey temiendo el ultraje, prepara esta noche el viaje; ¿puedo impedírselo yo? ¿Contra el Rey ha de ponerse? A quien tan de alto pelea, no es ceder acción tan fea, que el huir es defenderse. Si vuestra suerte importuna de por medio se metió, no tengo la culpa yo, sino la mala fortuna.
Pedro	Pues bien: de hinojos, tenaz por esposa os pediré.
Elvira	Y os lo negarán.
Pedro	¿Por qué?
Elvira	La conversación mudad.
Pedro	¿Escucharla no queréis?

Elvira   Dejadla, yo os lo aconsejo.

Pedro   Pues que os ofende, la dejo;
          mas la razón me diréis.
          Dadme al fin un desengaño;
          ¿no me amáis ya? Hablad, Elvira.
          Sois mujer... Si al aire gira
          la veleta, ¡no es extraño!
          Pero ¡lloráis, vive Dios!
          De misterios concluid,
          y quién estorba decid
          la ventura de los dos.

Elvira   No lo preguntéis, don Pedro,
          ¡que habrá de pesaros mucho!

Pedro   No temáis, sereno escucho;
          de mi suerte no me arredro:
          decidlo.

Elvira   Fuera un baldón.

Pedro   Acabad.

Elvira   Vais a ofenderos.

Pedro   ¡Pronto!

Elvira   (Con dignidad, pero sin altanería.)
                    Elvira de Cisneros
          me llamo.

Pedro   Tenéis razón.
          Por mucho amaros quizás,

que os llamabais olvidé
Cisneros y Santa-Fe,
y yo don Pedro no más.
¡Tenéis razón! ¿Cómo osara
alzarse hasta vos, señora,
un vagabundo que ignora
el padre que le engendrara?
Nacida en hidalga cuna,
¿cómo pudierais tomar
marido que os ha de dar
amor en vez de fortuna?
¡Oh, no faltaría alguno
de vuestra raza altanera,
que os casabais os dijera
con el hijo de ninguno!
¡Por Dios, que tenéis razón!
¡Qué importa al tomar marido,
si os le dan con apellido,
que os le den sin corazón!

Elvira   Y ¿pensáis que yo le tome?
¿Pensasteis que hablé por mí?
No; vuestro amor está aquí,
y las entrañas me come.
¿Me juzgáis tan altanera
que os negara mi pasión
por un inútil blasón
que le dan hoy a cualquiera?
Mal lo entendisteis, ¡por Dios!
Si corre ya el mundo así,
¿por qué me culpáis a mí?
¿Podéis remediarlo vos?

Pedro   Perdón, señora, perdón;

| | lo que os he dicho no sé,
| | pero es muy amargo, a fe,
| | que tengáis tanta razón.
| | Perdonad; tanto tiempo ha
| | que no pienso en otra cosa,
| | que una idea tan odiosa
| | no cabe en mi mente ya.
| | Cuando de Flandes volví
(Con ternura.) | mal curado de mi herida,
| | solo por vos esta vida
| | en conservar consentí.
| | Cuando acudir a mi Dios
| | los médicos me mandaban,
| | mis potencias se elevaban
| | no a los cielos, sino a vos.
| | Al porvenir me decían
| | mirase, y en aquel punto
| | a vuestro bello trasunto
| | mis sentidos atendían.
| | Si clavados en el cielo
| | mis ojos, por un instante
| | se inundaba mi semblante
| | de esperanza y de consuelo,
| | no era que blanca visión
| | en su azul me sonreía,
| | erais vos, que yo os veía,
| | señora, en mi corazón.
| | ¿Os acordáis?

Elvira   ¡Sí me acuerdo!...
| | Fuera olvidarlo morir;
| | mas pienso en el porvenir,
| | y en su inmensidad me pierdo.
| | Con tan hermosas visiones

	doré mi vida, y en tanto que fue para vos mi llanto, para vos mis oraciones. Mi vida ofrecía a Dios en inspiración cristiana, mas nunca llegó profana hasta los cielos, por vos; que hasta el cariño filial con el vuestro dividía, pues de otro modo creía que era emplearle muy mal. Mas ¿quién creyera que ese hombre que nos debía salvar, nos viniera a condenar ante la ley de su nombre?
Pedro	Tenéis razón, ¡vive Dios! Mas pues no soy criminal, yo solo en su tribunal responderé por los dos.
Elvira	¿Qué estáis diciendo?
Pedro	Hombre soy sin derecho y sin fortuna; puede que el Rey tenga alguna, y a que me la preste voy.
Elvira	¿Eso pensáis?
Pedro	Eso pienso.
Elvira	¡Por Dios, don Pedro!...

Pedro   Quitad.

Elvira   Si es que me amáis...

Pedro   Sí, en verdad,
                con amor insano, inmenso.
                No sé ya sin él vivir;
                mi alma el vuestro necesita,
                por eso a quien me le quita
                se le he pensado pedir.

Elvira   Vais a perderos; la ley,
                por quien la hace ha de fallar.

Pedro   Pues para reñir y amar
                soy tan hombre como el Rey.
                A su alcázar llegaré.

(El Marqués asoma a escuchar.)

Elvira   Y subir no os dejarán.

Pedro   Haré frente.

Elvira   Y os la harán.

Pedro   ¿A mí?

Elvira   A vos.

Pedro   Le esperaré,
                y una vez ha de salir,
                y sea de día o de noche,
                salga a pie, a caballo, en coche,

	¡voto a Dios que me ha de oír!
Elvira	Os apartarán.
Pedro	¿Por qué?
Elvira	Porque al Rey cedáis el paso.
Pedro	¡Dios de Dios! En ese caso, como vil le mataré.

Escena II

(El Marqués sale de repente, dirigiéndose a don Pedro. Éste contesta como hombre resuelto a no ceder un punto de su opinión.)

Marqués	¡Regicida!
Pedro	Bien está: mi único bien es Elvira; quien contra mi bien conspira, vasallo o Rey, morirá.
Marqués	¡Qué estás diciendo, insensato! El labio insolente cierra; quien al Rey osa en la tierra, hace a Dios un desacato; y ni es noble ni español quien la vida le consiente.
Pedro (Con ira.)	Ved que habláis...
Marqués	(Interrumpiéndole.) Con un demente

　　　　　　　　que escupe sin juicio al Sol.
　　　　　　　　Don Pedro, si a tal ultraje
　　　　　　　　fuereis capaz de atreveros,
　　　　　　　　mientras viva Juan Cisneros
　　　　　　　　hallaréis quien os atajo.
　　　　　　　　Tal vez me tiembla la mano
　　　　　　　　para defender mi honor,
　　　　　　　　mas darala harto vigor
　　　　　　　　el honor del Soberano.
　　　　　　　　Lo dije: si os atrevéis
　　　　　　　　crimen tamaño a intentar,
　　　　　　　　por aquí habéis de pasar
　　　　　　　　primero que al Rey lleguéis.

Pedro　　　　　　Mi espada no tiene punta
　　　　　　　　contra vuestro corazón,
　　　　　　　　mas guardad vuestra opinión
　　　　　　　　cuando nadie os la pregunta.
　　　　　　　　Y permitidme advertir
　　　　　　　　que no sé con qué derecho
　　　　　　　　tutor mío os habéis hecho
　　　　　　　　y me osáis reconvenir.

Marqués　　　　　Derecho tengo.

Pedro　　　　　　　　　　　No le hallo.

Marqués　　　　　¿No halláis derecho en la ley
　　　　　　　　que defender a su rey
　　　　　　　　manda a todo buen vasallo?

Pedro　　　　　　¿Cómo, si sois tan leal,
　　　　　　　　el Rey os llamó traidor?

Marqués	A informarse el Rey mejor,
	no me lo llamara tal.
Pedro	¡Mas callasteis!
Marqués	Es quien es,
	y era fuerza consentillo.
Pedro	Os acordáis del castillo,
	y al león besáis los pies.
Marqués	Bien, don Pedro; en conclusión,
	al Rey os mando olvidar;
	ved que os lo puedo mandar
	con razón y sin razón.
Pedro	Ya os toleré demasiado,
	que tengo sangre española;
	con una condición sola
	me daré por obligado.
Marqués	Decid.
Pedro	Amo a vuestra hija,
	y pues hay quien la deshonra,
	que fíe en alguien su honra
	y entro el Rey y yo que elija.
Marqués	¡Tanta osadía me extraña!
	¿Entre él y vos escoger?
	¿Desde cuándo queréis ser
	igual con el Rey de España?
Pedro	Como ladrón de su honor,

de noche el Rey ha venido;
y más vale un mal marido
que el mejor galanteador.

Marqués

Don Pedro, mientras yo viva,
del Rey no ha de ser la dama;
mas ya que su honra y su fama
en la de su esposo estriba,
aconséjoos que miréis,
pues la pretendéis tan vano,
al ofrecerla la mano
el nombre que la ofrecéis.

Pedro

¿Me insultáis?

Marqués

      Una verdad
no es un insulto, ¡por Dios!

Pedro

Y ¿quién sois, que tanto vos
jugáis con mi vanidad?
Cuando a la corte al venir
aquí mi pie dirigieron,
sin duda que bien supieron
a quién ibais a admitir.
Si eso fue por amistad,
mi nombre no es un borrón;
y si fue por compasión,
nada os debo en realidad.
Si soy noble o soy villano
no lo sé; mas, caballero,
tanto acosáis al cordero,
que os ha de morder la mano.
Yo no me igualo a mi Rey;
mas Dios al crear los hombres

| | no hizo distinción de nombres
| | en la igualdad de su ley.

| Marqués | Pues entendedlo mejor:
| | si el Rey tan tirano fuera
| | que a sus pueblos se atreviera
| | en conciencia y en honor;
| | si para su osada huella
| | en el rincón mas oscuro
| | no hubiera un honor seguro
| | en casada ni en doncella;
| | si por odio a sus vasallos
| | tanto en ellos se ensañase,
| | que a su coche les atase
| | a la par con sus caballos,
| | pudieran, sí, todos ellos
| | toda su sangre agotar...,
| | y vos no podéis tocar
| | al menor de sus cabellos.

| Pedro | Luego ¿vos sabéis quién soy?
| | Decídmelo, pues, al punto.

| Marqués | No.

| Pedro | (Conteniéndose.)
| | De modo os lo pregunto,
| | que pruebas de humilde os doy.

| Marqués | Don Pedro, no os lo diré.

| Pedro | Mirad que si así el camino
| | me cerráis de mi destino,
| | cuando pueda tentaré.

Marqués — Todos los podéis tentar.

Pedro — Pues adiós.

Marqués — Quedad aquí.

Pedro — ¿Es mandar?

Marqués — Lo mando, sí.

Pedro — Y ¿quién sois para mandar?

Marqués — Escúchame, pues lo quieres,
y después de mis razones
desprecia mis opiniones,
insensato, si pudieres.
¿Unas cartas no recibes
en que consejos te dan?

Pedro — Sí.

Marqués — Y con ellos, di, ¿no van
los dineros con que vives?

Pedro — Sí.

Marqués — Y en ocasión alguna,
¿oro o carta te faltó?

Pedro — Nunca.

Marqués — Y a quien tal te dio,
¿pesarale tu fortuna?

Pedro	No, ¡por Dios!
Marqués	¿Tendrá derecho a exigir, por la existencia que te aguarda, tu obediencia?
Pedro	Y ¿quién por mí tanto ha hecho? ¿Quién de mí tanto curó?
Marqués	¿Merece respeto?
Pedro	Sí; mas ¿Quién es? ¿Dónde está?
Marqués	Aquí. Don Pedro, ese hombre soy yo.
Pedro	¡Vos...! Quién soy decidme pues.
Marqués	¡Imposible!
Pedro	Pues mirad que secreto por mitad callado, secreto es.
Marqués	¡Imposible!

Escena III

(Dichos. Inés, que entra apresurada. El Marqués la dice con aspereza:)

Marqués	¿Qué queréis?

Inés	Señor, un hombre embozado esta carta me ha entregado.

(Dale la carta.)

Marqués	¿Para mí?
Inés	Vos lo veréis.
Marqués (Aparte.) (La abre.)	(Mirando el sobre.) (A doña Elvira Cisneros...) El sello y firma Real...

(Lee, y dice volviendo a doblar la carta:)

¡Que un hombre tan principal
cometa estos desafueros!

Elvira	¿Qué dice aquese papel, que os ha faltado el color? Decid lo que trae, señor.
Marqués	La muerte viene con él.
Pedro	(Con inteligencia.) ¿Dice el Rey?...
Marqués	(Con sequedad.) Que volverá.
Pedro	¿Esta noche?
Marqués	Sí por cierto.

Pedro	Antes que entre será muerto.
Marqués	No, ¡por Dios!
Pedro	¡Cómo!
Marqués (Con brío.)	Entrará.
Pedro	¿Entrará?
Marqués	Sí; ¿por qué no? ¿No es el Rey?
Pedro	(Con aire sombrío, saludando y volviendo la espalda.) El cielo os guarde.
Marqués	¿Dónde...?
Pedro	Lo sabréis más tarde.
Marqués	Tened, que os lo mando yo.

(El Marqués va a detenerle. Don Pedro se adelanta a la puerta.)

Pedro	Haceos, buen viejo, atrás: ¿qué tengo que agradeceros? Vos sois don Juan de Cisneros, y yo don Pedro no más.

(Vase, y cierra.)

Elvira (Aparte.)	(¡Dadle prudencia, Señor!)
Inés	Ved que va desesperado.

Marqués   Dejadle; va enamorado,
               y haréle volver su amor.
               Vos, dueña, despejad.

Escena IV

(El Marqués y doña Elvira.)

Marqués   Y tú, hija mía,
               a salir de esta casa te apercibe;
               yo lidiaré con mi desdicha impía.

Elvira   Padre, jamás.

Marqués   Mi bendición recibe:
               si oyes que presa de fatal fortuna
               por ti perdí la vida...

Elvira   Padre mío.
               vos me arrullasteis en hidalga cuna,
               no temo el porvenir, le desafío.
               Si al Rey le pesa que el perdón astuta
               yo le arrancara, y por vengarse infame
               me iguala con la torpe prostituta,
               que llame sus verdugos, que los llame.
               Por vos expuse mi virtud al vicio,
               por vos tal vez me llamarán liviana;
               iré, padre, con vos al sacrificio,
               y por entrambos doblarán mañana.
               Abrid, señor, las puertas y balcones,
               a afrontar su insolencia basto sola;
               que manche no temáis vuestros blasones;
               hija vuestra nací, nací española.

Marqués	Sí, ¡vive Dios! naciste hija mía,
	bien lo muestran tu intento y tus palabras;
	pero joven aun, tu fantasía
	mengua el peligro, y tu peligro labras.
	¡Ah! Tú eres una mísera ovejuela
	sin más armas que intentos inocentes:
	¿qué ha de valerte tu infantil cautela
	contra el león que trae garras y dientes?
Elvira	Pues huyamos los dos.
Marqués	Es imposible.
	Tigre sin presa, cuanto ve devora.
	Se creyera el audaz irresistible...,
	¡oh! y contará con lengua mofadora
	que en sus lazos caíste, que una noche,
	ciega de amor te recibió en sus brazos,
	que el suyo ansiando, te prestó su coche,
	donde tu limpio honor llevó en pedazos,
	que eres suya, y le aguardas amorosa
	en escondida quinta... ¡No, hija mía!
	Que encuentre presa, y que su sed impía
	sacie si quiere en sangre generosa.
Elvira	Pues bien, padre, los dos nos quedaremos;
	duda no ha de dejar mi torpe fuga,
	porque el cendal en que el honor tenemos
	no admite mancha, ni vapor, ni arruga.
Marqués	A entrambos alcanzará su venganza.
Elvira	Entonces, padre, en tan extrema hora
	matadme, sí, y acabe su esperanza,

	que sangre que liberta no desdora.
Marqués	¡Tú, hija, morir! ¡Oh, no; partamos!
Elvira	Al punto.
Marqués	Sí, dispón nuestra partida.
Elvira	Pronto, padre, estará.
Marqués	Ve que arriesgamos en cada instante nuestra pobre vida.

Escena V

Marqués	Sí, partiremos en la noche oscura, y escondiendo al huir nuestras facciones, iremos como va por la espesura cuadrilla de rebeldes o ladrones. Acaso al verse en su ilusión burlado, empañando la fe de los que huyeron: «¡Seguidles por doquier, dirá irritado, que a su patria y su Rey traidores fueron!»
(Pausa.)	¡Tal mancha sobre mí! ¡Oh! Y los que queden, oyéndole ignorantes cortesanos crédito dar a su despecho pueden, y dirán sin razón: «Fueron villanos». No partiremos, ¡vive Dios!... ¡Elvira!...
(Llamando.)	Tente, viejo infeliz: ¿cómo dejarla por el necio temor de una mentira en poder del que así podrá ultrajarla? ¡Oh! Partiremos. ¿Para tanta mengua, en injusta prisión por tantos años, su honor velando encadenó mi lengua?

	¡Me excusara a matarle tantos daños!
	¿No pude hacerlo con razón bastante?
	¿No le encontré en los brazos de doña Ana?
	¿Y no era, a fe, la ofensa del amante
	igual con la vileza soberana?
(Reportándose.)	Miento: ¡jamás! Si en honra había nacido,
	necia razón en mis blasones hallo.
	Robó mi amor, dejóme envilecido;
	mas obré cual debí, que era el vasallo.
	Partiremos, sí, ¡por Dios!

Escena VI

(El Marqués e Inés.)

Inés   ¡Señor! ¡Señor!

Marqués   ¿Qué traéis,
que ni hablar, dueña, podéis?

Inés   Ahí están.

Marqués   ¿Quiénes?

Inés   Los dos.

Marqués   ¿Quién son los dos?

Inés   Por la puerta
del jardín entrando están;
ved que son ellos, don Juan.

Marqués   Mas ¿quién son?

Inés   Estoy muy cierta
que es el Rey.

Marqués   ¡El Rey!

Inés   (Señalando al balcón.)
                             Miradle.

Marqués (Azorado.)   Guardad las puertas, Inés;
detenedle.

Inés   Inútil es,
que entra ya.

Marqués   (Poniendo mano a la daga, y mirando al cielo.)
                           ¡Señor, salvadle!
                  Bien; a Elvira me llamad.

(Vase Inés.)   Pronto, dueña. ¡Santo Dios,
libres saldremos los dos,
o muertos, de la ciudad!

(Con profunda agitación.)

                       Mataré al Rey; es su estrella...
                       No, ¡por Cristo! Noble soy;
                       matarla prefiero a ella.
                       Mas ¿cómo, siendo tan bella,
                       tan sin culpa? ¡Loco estoy!
                       Venceré tal enemigo
                       muriendo yo seré cruel
                       tan solamente conmigo.
                       Más dejándola con él,
                       en mi muerte, qué consigo?
                       ¿A ella?... Nunca, que es mi amor.

¿A él?... No puedo, que es mi rey.
¿A mí?... En peligro mayor
la dejo... ¡Maldita ley
del orgullo y del honor!
¿Conque valerme no puedo
contra un hombre que me ultraja?
¿Conque habré de estarme quedo
cual si me infundiera miedo
quien mis puertas descerraja?
Mas ¿no viene contra mí?
¿Y no es defenderme ley
de quien va a ofenderme? Sí.
Mas ¿cómo puedo ¡ay de mí!
defenderme contra el Rey?
Pasos allá abajo siento;
miraré por el balcón.
Mas... ¡cielos qué pensamiento!
Dios me da en este momento
tan osada inspiración.

(Se sienta en el velador, escribe una carta, la cierra, la pone junto a la lámpara, pone el velador junto al sofá y llama.)

¡Oh, sí!..., escribo...; bien está:
dejo a la luz el papel...
cerca de ella...; a hablarla irá,
verá el papel, le leerá,
y en sí volverá con él.
¡Elvira! ¡Inés!

(Llamando.)

Inés y
Elvira (Saliendo.) ¿Qué mandáis?

Marqués   Una copa.

Inés   ¿En vos estáis

Marqués   (A Inés, que sale.)
                   ¡Calle!...

(A doña Elvira, señalando el sofá.)

                          Reclínate aquí,
                   y haz que duermes.

Elvira   Mas ¿miráis
                   que a solas...

Marqués   Yo estaré allí.

(Al interior.)

(La dueña trae las copas: el Marqués las deja sobre el velador, quita la luz de los ojos de doña Elvira, que se habrá reclinado en el sofá, mira por el balcón, etcétera, etc., todo con el cuidado más prolijo, como quien pone a riesgo en ello cuanto puede tener de más interés el corazón de un buen padre.)

(A doña Elvira.)   Por más que intente apurar
                   no despiertes, ¡por tu vida!
                   Por el balcón ha de entrar.
                   Le abro.

(Abre el balcón, va a salir, y vuelve para decir a doña Elvira:)

Elvira   Ve que eres perdida
                   si no sabes despertar.

Escena VII

(Doña Elvira en el sofá fingiendo profundo y letárgico sueño. El Rey entrando por el balcón.)

Rey (Hacia fuera.)   ¡Alerta estad, don Guillén!
                     El papel me sorprendió,
                     mas a mi vez vengo yo
                     a sorprenderles también.
(Viendo a doña Elvira.) ¡Qué veo! ¿Me engaño?... ¡Oh, no!
                     Duerme: ¡cuán hermosa está!

(Vuelve la luz de modo que le dé en los ojos.)

                     No manchan tintas extrañas
                     su tez, y el fulgor que da
                     la luz, prolongando va
                     la sombra de sus pestañas.
                     ¡Nunca vi rostro como él!
                     Sublime a par que sencillo,
                     diole con dócil pincel
                     sus contornos Rafael
                     y su misterio Murillo.
                     Al contemplarla tan bella
                     en su imprudente descuido,
                     mi audacia en su faz se estrella,
                     y estoy, ¡vive Dios! corrido
                     al verme delante de ella.
                     ¡Cuál se agita mansamente
                     con la igual respiración!
                     ¡Qué sueño tan inocente!
                     El blando compás se siente
                     con que late el corazón.

	A interrumpírsele voy
	y a sus pies me arrojaré.
(Dudando.)	No, que duerma... Necio estoy.
	¿Su fe no ha empeñado hoy?
	Sí; pues que su amor me dé.
(Llamándola.)	¿Elvira? No me responde.
	¿Elvira? ¡Sueño tenaz!
	¡Si lo fingiera falaz!...
	No, que su pecho no esconde
	tan villana liviandad.
	Elvira..., mi bien..., mi dueño...
	Calla: qué piense no sé.
	Bastara si fuera empeño,
	mas en mujer no vi, a fe,
	jamás tan profundo sueño.
	Túrbase más mi deseo
	cuanto dudo en su virtud.
(Ve la carta.)	Mas ¡cielos! ¿Qué es lo que veo?
	Aquí hay una carta, creo
	puesta de intento a la luz.
(Mirándola.)	¿Mi necia ilusión me engaña?
	Es el sobre para mí.
	Sí claro está: ¡cosa extraña!
	Felipe cuarto de España...;
	entero está el nombre, sí.
	Ábrola y leo.
(Lee.)	«Señor
	morir así fue su estrella;
	yo, mirando por mi honor,
	matela tan solo a ella,
	que o vos no tuve valor.
	El sueño en que la encontráis,
	sueño es de mortal veneno:

vos muerte, señor, la dais;
que despierte no temáis,
que no hay ya vida en su seno.»

¡El alma a creer no acierta
tan extrema bizarría!
¡Elvira!... No, no despierta.
¿Conque es verdad que está muerta...,
y pensaba que dormía?
¿Conque por mí te mataron,
casta y celestial belleza?
¿Por mí al mundo te robaron?
¿Por mí tu cristal quebraron,
vaso de limpia pureza?
Aun que respira parece,
aun tenue calor conserva,
cual seca y estéril crece
en muralla que envejece,
recia e inútil la hierba.

(Ruido de espadas dentro.)

Mas ¡qué rumor! ¡Por quien soy,
que es de acero contra acero!
¿Hay más desventuras hoy?
De mí mismo huyendo voy.

(Va a salir por el balcón, y al mismo tiempo salta por él don Pedro en la Escena, diciendo:)

Pedro   Buenas noches, caballero.

Escena VIII

(El Rey. Don Pedro. Doña Elvira, en el sofá.)

Rey   ¡Esto más!

Pedro (Resuelto.)   En el jardín
dejo a un hombre...

Rey (Con asombro.)   ¿Cómo?

Pedro   Muerto;
y estando el balcón abierto,
nos encontramos por fin.

Elvira (Aparte.)   (¡Dios mío!)

Pedro   Cojo la escala,
la doblo, y el balcón cierro.
(Lo hace.)   El que salga, hará el entierro
del que muera en esta sala.

Rey   Alguno hace falta ya;
mirad.

(Mostrando a doña Elvira.)

Pedro   ¿La matasteis vos?

Rey   Matola, ultrajando a Dios...

Pedro   ¿Quién?

Rey   Su padre.

Pedro   Bien está.

	Si ella a su fatal fortuna
dio su vida, ¿qué me importa?
La nuestra será bien corta,
que es por demás importuna.
No vine esta noche aquí
menguado a llorar por ella,
que vine porque mi estrella
lo quiso esta noche así.
Rey (Con calma.)	¿Su vida os importa poco,
y la amabais, según creo?
Mancebo, por lo que veo,
os estáis volviendo loco.
Pedro	Loco debiera de estar
según de amarga es mi vida,
mas todo en ella se olvida
si hay injurias que vengar.
Por ese balcón trepé
tras de vos, por encontraros.
Rey	Y ¿vinisteis...
Pedro	A mataros.
Rey	¿La razón?
Pedro	Yo me la sé.
Rey (Con altivez.)	Vasallo, ¿a quién la razón
contra su rey no le falta?
Pedro	Mentís; no es rey quien asalta
las casas por el balcón.

Rey   Y ¿quién pudo haceros juez
en causa tan soberana?

Pedro   Vuestra injuria esta mañana,
y esta noche mi altivez.
(Con brío.)   Para darme una razón,
corona me habéis pedido;
la vuestra se os ha caído
al subir por el balcón.

Rey   ¡Mirad, mozo, que os perdéis!

Pedro   Iguales estamos ya:
que yo la traiga, eso da
como que vos la dejéis.

Rey   Que me conocéis mirad.

Pedro   Haré que no os conocí,
que es de noche.

Rey   Hay luz aquí.

Pedro   La apagaré, descuidad.

(La tira una cuchillada y la mata.)

               ¡Ea, reñid!

Rey   Miradlo, a fe.

Pedro   Lo miro; por los balcones
no entran más que los ladrones;

	que os tuve por tal diré.
Elvira (Levantándose.)	No puedo más, ¡ay de mí!
Pedro (Al Rey.)	Teneos, ¡viven los cielos! que han despertado mis celos unos lamentos que oí.
Elvira	¡Sí, teneos, que es razón!
Rey	¿No es esa la voz de Elvira?
Pedro	¿Muerta no sois?
Elvira	Fue mentira.
Rey	¡Tal engaño!
Pedro	¡Tal traición! ¿Conque vos, quien erais siendo, mentís con tal villanía, que os hace el Rey compañía y estáis para mí durmiendo?
(Al Rey.)	Reñid.
Rey	Reñid, que ¡por Dios, que solo cuando venís está despierta!
Pedro	¡Mentís!
Rey	¿Al Rey un mentís?
Pedro	A vos.

(Se buscan en la oscuridad, cruzan las espadas, y doña Elvira da con don Pedro.)

Rey	Acercaos.

Pedro	Defendeos.

Elvira (A don Pedro.)	¿Qué vais a hacer, insensato?

Pedro	¡Quitad, señora, o vos mato... sin más respetos!

Escena IX

(Dichos. El Marqués, con una luz.)

Marqués	¡Teneos!

Pedro (Al Marqués.)	¡Echaos fuera!

Rey	¡Apartad!

Marqués	(A don Pedro.) ¡Es tu padre!

Pedro	¿Acabas hoy, suerte cruel?

Rey	¡Soñando estoy! ¿Qué habéis dicho?

Marqués	La verdad.

Pedro	(Cayendo de rodillas a los pies del Rey.)
	¡Padre!..., perdón si villano
	tanto con vos me atreví,
	que hervía, señor, en mí
	vuestro valor soberano.
Marqués	(Inclinándose con el mayor respeto.)
	Vos me quitasteis mi amor,
	y yo con afán prolijo
	me he vengado en vuestro hijo
	como quien era, señor.
Rey (Con nobleza.)	Todos sois nobles aquí:
	dadme los brazos, don Juan;
	vuestras virtudes están
	avergonzándome a mí.
(A don Pedro.)	Alzaos, Duque de Olmedo.

(Le echa el Toisón de oro.)

	Llegad: vuestra esposa es ésa;
	ése es mi hijo, Duquesa,
	mirad qué más daros puedo.
	En palacio viviréis,
	será real vuestro apellido...
Marqués	Señor, que miréis os pido
	el que ser quien sois tenéis.
	Atad al vulgo la lengua;
	pues que hijo mío a ser va,
	dejadlo estar como está,
	que os es pregonarlo mengua.
(A don Pedro.)	Mi hijo sois; llevad mi nombre,
	que no os ha de avergonzar,

                        pues bien le puede llevar,
                        incluso el Rey, cualquier hombre.

Pedro   Sí, le admito.

Rey   En conclusión,
                        Marqués, la razón es sobra.

Marqués   En palacio, señor, obra
                        cada cual con su razón.

Libros a la carta

A la carta es un servicio especializado para
empresas,
librerías,
bibliotecas,
editoriales
y centros de enseñanza;
y permite confeccionar libros que, por su formato y concepción, sirven a los propósitos más específicos de estas instituciones.
Las empresas nos encargan ediciones personalizadas para marketing editorial o para regalos institucionales. Y los interesados solicitan, a título personal, ediciones antiguas, o no disponibles en el mercado; y las acompañan con notas y comentarios críticos.
Las ediciones tienen como apoyo un libro de estilo con todo tipo de referencias sobre los criterios de tratamiento tipográfico aplicados a nuestros libros que puede ser consultado en Linkgua-ediciones.com.
Linkgua edita por encargo diferentes versiones de una misma obra con distintos tratamientos ortotipográficos (actualizaciones de carácter divulgativo de un clásico, o versiones estrictamente fieles a la edición original de referencia).
Este servicio de ediciones a la carta le permitirá, si usted se dedica a la enseñanza, tener una forma de hacer pública su interpretación de un texto y, sobre una versión digitalizada «base», usted podrá introducir interpretaciones del texto fuente. Es un tópico que los profesores denuncien en clase los desmanes de una edición, o vayan comentando errores de interpretación de un texto y esta es una solución útil a esa necesidad del mundo académico.
Asimismo publicamos de manera sistemática, en un mismo catálogo, tesis doctorales y actas de congresos académicos, que son distribuidas a través de nuestra Web.
El servicio de «libros a la carta» funciona de dos formas.
1. Tenemos un fondo de libros digitalizados que usted puede personalizar en tiradas de al menos cinco ejemplares. Estas personalizaciones pueden ser de todo tipo: añadir notas de clase para uso de un grupo de estudiantes, introducir logos corporativos para uso con fines de marketing empresarial, etc. etc.

2. Buscamos libros descatalogados de otras editoriales y los reeditamos en tiradas cortas a petición de un cliente.

www.ingramcontent.com/pod-product-compliance
Lightning Source LLC
Chambersburg PA
CBHW031450040426
42444CB00007B/1043